だいわ文庫

「あ」は「い」より大きい!?
身近で楽しい音声学

川原繁人

大和書房

目次

「あ」は「い」より大きい!?
身近で楽しい音声学

🔊 第1章　言語学の中の音声学

1.1　言語学とは？　音声学とは？	14
1.2　音声学は難しい？	17
1.3　音声学は難しくない！	22
コラム 1-1　誰でも知っている音象徴	26
1.4　本書の流れ	28
コラム 1-2　ちょっとまじめな恣意性の話	32
1.5　まとめ	39

🔊 第2章　優しい音、ツンツンした音

2.1　/maluma/ と /takete/ と2つの形	42
コラム 2-1　動きであっても /maluma/ は /maluma/	46
2.2　名前で魅力度が変わる？	48
コラム 2-2　「やよい」ちゃんと「さつき」ちゃん	52
2.3　男性の音、女性の音（日本人編）	54
2.4　秋葉原のメイドさんの名前を分析してみた	56
コラム 2-3　萌え声とツン声を使い分ける声優さん	62

コラム 2-4	2011 年と 2016 年を比較してみよう	64
2.5	まじめな話：「萌え」と「ツン」と「圧力変化」	66
コラム 2-5	「マナカナ」vs.「カナマナ」	74
コラム 2-6	なぜ「ま」には濁点が付けられないの？	77
コラム 2-7	阻害音と小さい「っ」	79
コラム 2-8	阻害音と語形成	81
2.6	まとめ	82

🔊 第 3 章　大きな音、小さい音

3.1	/a/ と /i/ はどちらが大きい？	86
コラム 3-1	「おしゃかなしゃん」の謎	90
3.2	新種の蝶に名前を付けてみよう	91
3.3	知らないと損するかもしれない値引きの音象徴	93
3.4	/i/ は笑顔の母音：声で恭順を示すには？	94
3.5	お猿も使う恭順の /i/	97
3.6	すべての母音を並べてみよう	98

| コラム 3-2 | 簡単な実験をしてみよう | 99 |

3.7　母音の発音の仕方　　　　　　　　　　　　　100

コラム 3-3	魅力的な母音	104
コラム 3-4	日本語の顔文字を作った天才	106
コラム 3-5	動詞と形容詞の語幹	108

3.8　MRIで母音を見てみよう　　　　　　　　　110

| コラム 3-6 | MRIで音声を分析する | 112 |

3.9　母音の音響と音象徴：
　　　なぜ前舌母音は「小さい」の？　　　　　　114

| コラム 3-7 | 歯ブラシで第2フォルマントを聞く | 117 |
| コラム 3-8 | 疑問文はなぜ上昇調？ | 118 |

3.10　第2フォルマントは
　　　割り算だけで計算できる　　　　　　　　　120

| コラム 3-9 | 「う、お」では唇が丸まるのはなぜ？ | 127 |

3.11　まとめ　　　　　　　　　　　　　　　　　129

◀)) 第4章　濁音と向かい合う

4.1　ガンダムとカンタム　　　　　　　　　　　134

4.2	「きゃりーぱみゅぱみゅ」と 「浜田ばみゅばみゅ」：名前の中の濁音	138
4.3	悪者は濁音？ 悪者から濁点を取って遊ぼう！	141
コラム 4-1	実際に濁点を取って 遊んでいる人がいた	144
4.4	口腔が広がる濁音の調音	147
コラム 4-2	ボイルの法則	155
コラム 4-3	/b, d, g/ のどれが一番難しい？	157
コラム 4-4	2つの濁音はご勘弁？ ライマンの法則	161
4.5	/maluma/ vs./takete/ = /bouba/vs. /kiki/?	164
コラム 4-5	「なんだチミは？」の秘密	167
コラム 4-6	Praat(プラート)で自分の発音を分析してみよう	170
コラム 4-7	濁音は汚い？	171
4.6	濁音の音響	174
4.7	まとめ	177

🔊 第5章 ポケモンでする音象徴研究

5.1 ポケモンについての予備知識	180
5.2 濁音と進化レベルの相関	183
5.3 やっぱり濁音は「重くて」「大きい」	185
5.4 名前が「長い」と「強くなる」？	189
5.5 ポケモンで実験してみよう！	195
5.6 ポケモン名における母音の効果は？	198
コラム 5-1 ポケモン研究開始直後の反響	199
5.7 世界に広がるポケモン研究	201
5.8 ポケモンのタイプも音から分かる!?	207
5.9 ポケモン言語学の原動力は学生たち	209
5.10 まとめ	211

🔊 第6章 より広い視点から 音象徴・音声学を考える

6.1 バベルの塔は崩壊していない？	214
6.2 多感覚知覚：マルチモダリティ	217
6.3 他分野で生きる音声学	224

音声学と外国語学習	224
音声学とうた	225
音声学と感情表現	226
音声学と医療	228
音声学と商標登録	230
音声学と科学技術	231

🔊 第7章　最後のメッセージ

7.1　名は体(たい)を表す	234
7.2　いくらチャラついていても	237
付録　用語集	240
あとがきのようなエッセイ	258
解説──俵 万智	274

本書サポートページ

https://user.keio.ac.jp/~kawahara/hitsuji2017.html
あるいは「川原繁人」で検索

第 1 章

言語学の中の音声学

本書は、普通の読み物としても面白くなるように、また教科書としても使えるように書いた欲張りな本です。そればかりでなく、本書は「音の科学（＝音声学）の本」でもあり、「名付けの本」でもあり、「言語学の本」でもあり、「音韻論の本」でもあり、「心理学の本」でもある、かなり欲張りな本です。主に扱うのは「音象徴（おんしょうちょう）」と呼ばれる現象で、例えば、「怪獣のゴジラはなぜ『ゴジラ』と名付けられ、なぜ『コシラ』にはならなかったのか」というようなことを、至って真剣に考えていきます。

　本書は、社会人・大学（院）生・高校生はもちろん、ちょっと頑張り屋さんの中学生でも、大体の議論にはついていけるようにと心を配ったつもりです。私たちが何かを学ぶ時には、「ふんふん、なるほど」と受け身に読んでいるだけでは、本当の理解に至ることはなかなかできません。ですから、本書には途中で色々な問いかけが出てきますし、後述するサポートページには練習問題も用意しました。みなさん、積極的に自分の口を使って音を出しながら、「音声学」を実際に体験してみてください。

　本書にはまた、補助教材もたくさん用意しました。本書の中で紹介した音声を実際に聞いてみたり、発音の仕

方を実際の動画で見てみたりすることで、本書の内容の理解を深めることができるでしょう。これらの補助教材は 10 ページの QR コードや URL からアクセスできるサポートページで紹介しています。参考資料がこのサポートページ上にある場合、本文中に【参考動画（または音声）あり】と示してあります。また、サポートページでは、本書の中で紹介する私自身の論文も公開しています。

　サポートページは私の個人サイトにリンクされていますので、何らかの理由で参照できない場合には、インターネットで「川原繁人」と検索してみてください。同サイトでは扱った研究に関する参考文献も紹介しています。

　また本書の最後には、付録として用語集を付けました。本書を読み進めていて、前に出てきた用語の意味が分からなくなってきた時などに利用してください。本文中では簡単にしか触れられない基本的な音声学用語の説明も載せてありますので、音声学の授業の試験対策用にも使えます。用語を丸覚えするのではなく、自分で音を出しながら発音の仕方を実感したり、その音のイメージを感じたりすることで、親しみながら覚えていくと良いでし

ょう。

　さて、前置きが長くなりましたが、この第1章ではまず、「この本について」お話ししようと思います。推理小説のように先が分からずに読み進めていくのが面白い本もありますが、本書には独立して読むことができる章や節も含まれていますので、目次の解説とでも言いましょうか、みなさんに先に中身をお知らせしておいた方が良いと思うのです。

　中身を紹介するにあたって、1つ確認しておきたいことがあります。みなさんはどうしてこの本を手に取られたのでしょうか。「本屋でたまたま……」という人もいるかもしれませんが、おそらく多くの人は「言語学」や「音声学」に興味があったからだと思います。せっかくですから、ここでまず、「言語学」や「音声学」とは何なのかという基本的なことから確認していきましょう。

1.1　言語学とは？　音声学とは？

　色々な学派があることもあり、「言語学とは何か」を

簡単に言おうとすると、「言語の諸相を様々なアプローチから研究する学問」としか言いようがありません。言語学では、文の仕組みを探究したり、単語がどのように作られるのかを探究したり、また言語が社会とどのように関わっているかを探究したり、色々な側面から言語の分析がなされます。そしてその様々な探究の中でも言語の「音」を「科学」するのが「音声学」です。

では、「音を科学する」とは、もう少し具体的に言うと、どのようなことなのでしょうか？　私たちは人とコミュニケーションを図る時、多くの場合、音声を用います。もちろん、音声を使わずにジェスチャーだけでコミュニケーションを取ることもありますし、表情によって音声以上に気持ちが伝わることもありますが、日常で最も頻繁に使われているのが音声を使ったコミュニケーションであることは間違いないでしょう。この「音声を使ったコミュニケーション」のあらゆる側面を研究するのが「音の科学」、つまり「音声学」です。

ここでみなさん、考えてみてください。先ほど少し触れた問いですが、「ゴジラ」はなぜ「ゴジラ」という名前なのでしょうか？　濁点を取り除いた「コシラ」とい

う名前でも良かったのではないでしょうか？　でも、「ゴジラ」を「コシラ」にすると、なんだかとっても小さくて薄っぺらい印象を受けます。また、「ガンダム」はなぜ「カンタム」でなく「ガンダム」なのでしょうか？濁点を取ってしまった「カンタム（ロボ）」は、『クレヨンしんちゃん』に登場するのですが、「カンタム」は実際クレヨンしんちゃんにぴったりの、ちょっと可愛らしいロボットです。

「ガンダム」と「カンタム」、どちらが強そう？

(a)「ガンダム」　　　　(b)「カンタム（ロボ）」
（『機動戦士ガンダム』）　（『クレヨンしんちゃん』）

※外部リンクのため、予告なくリンク先ページがなくなる場合があります。

「濁点が付くとこういう印象を受ける」「濁点を取ると

印象が変わる」というふうに、名前に使われている音によってイメージに影響が出る現象を「音象徴(おんしょうちょう)」と呼びます。本書では、この音象徴という現象を題材に、みなさんを音声学の世界へと案内していきます。具体的に取りあげる題材は「ゴジラなどの怪獣の名前」「魅力的と感じる名前」「秋葉原のメイドさんの名前」「ポケモンの名前」など、身近にある、しかし一見すると音声学とは関係がないようにも思われるものまで多岐にわたります。

1.2 音声学は難しい？

「音声学」などと言うと、「何だか難しそう！」と思う人も出てくるかもしれません。書店でたまたま本書を手に取った人などには、特にそう感じられるかもしれませんね。そんなみなさんのために、「音声学」がどんなものか、もう少し説明を加えましょう。読み進める前に、約束してください。この節を読んで「音声学って難しそう」と本書を閉じてしまわないで必ず次の節まで読んで欲しいのです。本書は難しいことを簡単に楽しく学ぶた

めに書いたものだからです。まずは「音声学の難しさ」を解説しますが、これは「音声学がただ単に難しい学問ではない」ことをお伝えするためのプロローグに過ぎません。

　では、図1-1を見てください。これは、私たちがコミュニケーションを行なう時の様子を表したものです。音声コミュニケーションではまず、話し手が舌や顎、唇などを使って色々な音声を出します。すると、話し手と聞き手の間にある空気が振動します。その空気の振動が聞き手の耳に入り鼓膜を振動させると、脳がその振動をメッセージとして解釈します。音声コミュニケーションにおいて起きているこれらのことは主に3つの側面から探ることができ、音声学は大きく(1)「調音音声学（＝発音の仕方の研究）」(2)「音響音声学（＝話し手が発した音がどのように空気の振動となって伝わるかの研究）」(3)「知覚音声学（＝人間が空気の振動をどのように理解するかの研究）」に分かれます。

図 1-1：音声コミュニケーション

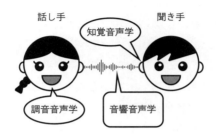

　さあ、だんだん「音声学」に対するイメージが具体的になってきたでしょうか？　もともと「音声学」に馴染みのある人は、簡単な復習だと思って読み進めてください。では、次の質問です。みなさんは、音声学は文系の学問だと思いますか、理系の学問だと思いますか？　一般的に、コトバに興味がある人にはいわゆる「文系」の人が多いようなのですが、実は音声学には、「理系」の話がたくさん出てきます。図 1-1 の話し手に注目してみましょう。音声を発するためには、話し手は肺から空気を出さなければなりませんが、肺は自分で動くことができません。ではどうやって肺から空気を流すのかという

と、生物学的な話になります。私たちは横隔膜・肋骨のまわりの筋肉・腹筋などを使うことで肺の大きさを変化させ、口や鼻から空気を出して音声を作り出しているのです。また、私たちが音声を発することができるのは、肺から流れてくる空気を使って声帯が振動するからでもあり、これまた生物学的な話となります。みなさんは、声帯が1秒間に何回振動しているか知っていますか？　男性と女性で異なりますが、女性の場合、1秒に300回振動する事も珍しくありません！　男性の声帯でも、1秒に100回くらい振動するのが普通です。また驚くべきことに、訓練を積んだソプラノの歌手は、声帯を1秒間に880回も振動させることができます。一体どうやってそんなに速く声帯を振動させているのでしょうか？　この疑問に答えようとすると、今度は「ベルヌーイの定理」について考えなければなりません。「ベルヌーイの定理」なんて、いかにも「理系っぽい」ですね。理系が苦手な人は、もうこの辺りで苦痛を味わい始めているのではないでしょうか。「だめだ……音声学は無理だ！」と嫌になってしまっても無理はないほど、音声学には「理系」の要素が非常に多く含まれています。私自身、音声学の

授業を教えていて、「文系の科目だと思って取ったのに、理系じゃないですか」と学生に文句（？）を言われたことが何度もあります。

さらに図 1-1 に示した音響音声学では、話はもっと数学的になっていきます。空気の振動というのは「波」ですから、この分析のためには三角関数が必要になります。そう、辛い思い出がある人もいるに違いありません。例のサイン・コサイン・タンジェントの登場です。現代の音響音声学では「フーリエ変換」と呼ばれる「音声を、周波数と振幅が異なる様々なサイン波の合計に分解する」分析手法が主流です。最近ではサイン波の代わりにコサイン波を使ったり、ウェーブレットという関数を使ったりする手法も出てきましたが、いずれにせよ、サイン・コサイン・タンジェントを避けて通ることはできません。

文系のみなさんには追い討ちをかけるようで申し訳ないのですが、図 1-1 の聞き手について考えると、音声学では「人間の知覚は対数関数的だ」などという話にもなります。「対数って何だっけ？」と思うかもしれませんが、log と言えば思い出せるでしょうか（数学嫌いのみなさ

ん、すみません！）。さらには、話し手の意図が聞き手にどのような確率で正確に伝わるかということも重要になってきますから、統計も行なわなければならなくなります。統計学は確率論をもとにしていますから、「場合の数」のような確率の基礎も復習しなくてはいけません。とまぁこんな具合ですから、「音声学って難しい！」「音声学なんて、数学ばっかりで全然分からない！」となってしまうのも無理はありません。音声学を本当に理解するためには、残念ながら（？）数学や物理の理解が多少必要となることは、まぎれもない事実です。

1.3 音声学は難しくない！

さあ、「音声学は難しい！」と思ってしまうようなことを色々書きましたが、繰り返しますと、私がここで言わんとしていることは、「難しいと思ってしまうかもしれない音声学も楽しく学ぶことができる！」ということです。私が以前書いた『音とことばのふしぎな世界』（2015年、岩波科学ライブラリー244）の書評に、「自他共に

認める数学嫌いな私でも理解できました。この本に学生の時に出会っていたら、大嫌いな数学だって少しは真面目に勉強したのに！と思わされるほどです」と書いてくれた人がいます。本書も同じ（となるはず）ですので、ご安心ください。これから、楽しい音象徴を題材に使いながら、難しそうな概念を分かりやすく説明していきます。また、一度音声学の授業を受けて「つまらない」と思った人にこそ、ぜひ本書を読んで頂きたいものです。

　実際に音声学を学んだことがある人の中には、「音声学では、色々な概念や記号をただただ覚えさせられて嫌になった」という人も多いのではないでしょうか。時に音声学は、言語学の入門のクラスで少し触れられるだけで、短い期間の中で様々な概念を詰め込みで覚えさせられることもあります。また、音韻論という別の学問の前提分野としてちょっとだけ触れられることもあります。また、音声学を、音を記述するための記号をひたすら覚えて、単語の意味は考えずに、その単語の音だけを聞いて記号を割り当てる学問かのように教えられた人もいるかもしれません。

　しかし、私の音声学に対するアプローチは違います。

音声学で必要になる概念や道具立ては、「なぜそれらが必要なのか」を理解していないと、ただ覚えても意味がありません。「なぜ」を理解せずに暗記だけをさせられるのは苦痛でしかありませんし、そのようなものは学問ではありません。音声がある振る舞いをする時に、その振る舞いを覚えるのではなく、「なぜそのような振る舞いをするのか」を分析・研究・理解するのが、私の考える本当の音声学です。

　私は、音声学をいわゆる「文系」の学生相手に10年以上教えてきましたが、そのうちの6年間はアメリカで、でした。生粋の江戸っ子の私が、英語を使って、英語の発音法などについて、主に英語を母語とする学生たちに教えていたわけです。みなさんもご存じの通り、英語には日本語にない音がたくさんあり、中には私が正確に発音できない音もたくさんありました（し、今でもあります！）。そんな私が英語を母語とする学生たちに、「英語の母音は、このような仕組みで発音します」なんて教えていたわけです。実際に面と向かって言われたことはないのですが、「自分がちゃんと発音できてないくせに、その音の発音の仕方を偉そうに教えるなよ……」という

学生の心の声が聞こえてくるような気がしたのも、1度や2度ではありませんでした。ただでさえ母語でない英語で授業をするのは大変なのに、「数学」だの「肺の動き」だのといった音声学独特の難しさもあって、教え始めて間もない頃は、学期末の授業評価に散々なことを書かれたこともありました。

　このような背景があったので、なんとかして「難しい音声学」を「分かりやすく」、同時に「楽しく」教えられる方法はないか、私は長い間模索してきました。そして、この問題意識は今現在に到るまで、ずっと持ち続けています。その努力の結果といって良いでしょうか、「音声学って面白いですね！」と言ってもらえる機会は少しずつ増えてきました。先述の『音とことばのふしぎな世界』の出版後には、「第1章の導入で音声学の説明を音象徴から始めたのが良かった」という声が多く聞かれたので、その後、この章の内容を、授業や講演会でさらに深く掘り下げていきました。本書はその成果をまとめたものです。

　本書では、音象徴を題材に、「音声学」をできるだけ簡単に解説することを目指しますが、楽しい部分だけを

眺めていても、残念ながら、音声学の本当の魅力を味わうことはできません。ですから本書では、音声学者がどういうことを研究しているのか、どうして音声学者たちは数学や物理を駆使して音声コミュニケーションを分析しているのかなど、少し難しい内容も扱っていきます。ただし、あまり難しくなりそうなところは「コラム」の中に入れてありますし、特に難しくなりそうなところには「飛ばして良いですよ」とまで書いてありますから、ご安心ください！　また、第2章から第5章までは、独立して読めるような構成になっているので興味に合わせて読んで頂ければと思います。別の章の内容とつながりがある場合、そのつながりを明記するように心がけました。

コラム 1-1　誰でも知っている音象徴

　音象徴という現象では「名前に使われている音によってイメージに影響が出る」と言いましたが、それはつまり、「単語の音とその単語の意味にはつながりがある」

ということです。「音象徴」というと聞き慣れないので、難しく聞こえるかもしれませんが、音象徴は実は、私たち誰もが知っているものです。「赤ちゃんことば」を例にとってみましょう。「赤ちゃんことば」の多くは、「音と意味につながりがありそう」なものです。例えば、「車」のことは「ぶーぶー」と言いますが、これは車が鳴らす音を真似たものです。赤ちゃんに対してはまた、「お風呂に入る」ことを「ちゃぷちゃぷする」とか「ぱしゃぱしゃする」と言ったり、「噛む」ことを「もぐもぐする」と言ってみたりもします。麺類のことを「ちゅるちゅる」、縄跳びを「ぴょんぴょん」などという言葉で表す人もいるかもしれません。まだ言葉を完全にマスターしていない赤ちゃんを相手に会話をしていると、こういった「音と意味につながりがある赤ちゃんことば」の方が通じる気がします。実際に、慶應義塾大学の今井むつみ先生による「音象徴は言語習得の手助けになる」ということを示した研究結果もありますので、もしかしたら、音象徴は人が積極的に(しかし無意識的に)用いてきた子育ての知恵なのかもしれません。とある研究では脳波を測る実験手法を用いて、「1歳にも満たない赤ちゃんでも音

象徴に気づいている」という結果も出ています。1歳前といえば、まだちゃんとした言葉を発し出す前です。私たち人間は、生まれた時から音象徴に慣れ親しんでいるのです！

1.4 本書の流れ

では、本書の構成をダイジェスト版で見ていきましょう。

《第2章》

まず第2章では、次のような現象を扱います。想像してみてください。あなたの目の前に2人の女の子がいるとします。1人は「ワマナ」ちゃん、もう1人は「サタカ」ちゃんです。あなたは、どちらの子が優しいと思いますか？ またどちらの子の方が、はっきりものを言うサバサバした女の子だと思いますか？ 読み進める前に必ず自分で考えてみてください。

はい、ほとんどの人が「ワマナ＝優しい」「サタカ＝サバサバしている」と思ったのではないでしょうか？ そうなのです、私たちは名前だけからでも、その人に対してあるイメージ（印象）を持ってしまうことがあるのです（もちろん、その人の本当の中身は実際に接してみないと分かりません!!）。それにしても、なぜ「ワマナ＝優しい」のようなイメージを持ってしまうのでしょう？　第2章では、この謎を「阻害音」「共鳴音」「圧力変化」などの音声学の概念を学びながら、明らかにしていきます。

《第3章》
　続いて第3章では、「母音」に注目します。母音のイメージに関して、例えばこんな実験が報告されています。これは英語で行なわれた実験ですが、架空のアイスクリームの広告を用意して、ある人たちにはその広告を読んでもらった後に「新しいアイスクリーム、Frish!」と宣伝します。また別の人たちには、同じ広告を読んでもらった後に「新しいアイスクリーム、Frosh!」と宣伝します。広告は同じ内容なのですが、Froshの広告を見た人たち

の方が、Frishの広告を見た人たちよりも、そのアイスクリームを実際に買ってみたいと思い、そのアイスクリームに対する好感度も高いという結果が出ました。みなさんはどう感じたでしょうか？　FrishとFrosh、どちらのアイスクリームを食べたいと思いますか？「どちらを食べたいかと言われても、よく分からない」と思った人は、どちらの方が「濃厚で、クリーミーで、甘いアイスクリームに感じるか」で考えてみてください。Froshの方が濃厚で甘い感じがしませんか？　逆にFrishの方は「すっきり爽やかなアイスクリーム」のように感じた人もいるかもしれません。

　母音のイメージについては、こんな報告もあります。英語圏におけるアイスクリームの商品名に使われる母音と、クラッカーの商品名に使われる母音の分布を分析したところ、前者では /a, o, u/ のような母音が、後者では /i, e/ のような母音が使われることが多いことが分かりました。つまり、アイスクリームとクラッカーでは、商品名に使われる母音に偏りがあることが分かったのです。第3章ではこれらのような音象徴の例を通じて、「母音の調音と音響」を学びます。

《第4章》

　第4章で扱う現象は「濁音」です。例えば、みなさんご存じの大怪獣「ゴジラ」ですが、その名前には濁音が2つも入っていますね。もし濁点がなく、その名が「コシラ」だったら、みなさんはどんな印象を持ちますか？なんだか、大怪獣らしくないですよね。とてもちっちゃくて、薄っぺらくて、弱そう……。「ガンダム」を「カンタム」に変えても同じではないでしょうか。濁点がないだけで、こんなにもイメージが違うのです。この濁音のイメージを探りながら、第4章では「濁音の調音と音響」について学びましょう。

《第5章》

　第5章では「ポケモンの名前」の音象徴分析を紹介します。この研究は、授業中の学生との議論がきっかけで始まったものです。2016年に始めた研究ですが、あっという間に世界的に評価され、すでに海外の様々な研究者との共同研究が現在進行形で行なわれています。これまでの分析の結果、「ポケモンの名前」とその「進化レベル」や「たかさ／おもさ／強さ」には統計的な関係が

あることが分かっています。第5章では、このポケモンの研究を紹介します。

コラム 1-2　ちょっとまじめな恣意性の話

　このコラムでは、音象徴が言語学・心理学・哲学などにどう関わるかという、少しスケールの大きい話をさせて頂きます。「つまらない！」とか「難しすぎる！」と思ったら、飛ばしてしまっても構いません。

　コラム 1-1 では「赤ちゃんことば」を通して音象徴を考えましたが、実はこの「音と意味につながりはあるのか」という問題は、古代ギリシャの時代から議論されてきた問題です。

　プラトンの対話篇である『クラテュロス』の中では、クラテュロスという人物が「音と意味にはつながりがある」と主張する一方、その対話相手のヘルモゲネスは「音と意味のつながりは人間同士が社会的に決めたもので、必然的なつながりはない」と主張し、その議論にソクラテスが加わる形で話が展開していきます。日本語でも解

説付きで読めますし、単純に読み物としても面白いので、興味がある人は実際に読んでみることをオススメします。ここで『クラテュロス』の内容すべてを網羅するのは無理ですが、一部分だけ引用して紹介しましょう。

> **ヘルモゲネス**：「こちらのクラテュロスがね、おおソクラテス、こう主張するのです。名前の正しさというものは、それぞれの有るものに対して、本来本性的に（自然に）定まっている。そして名前とは、幾人かの人々がそう呼ぶことを申し合わせて（取りきめて）、自分たちの言語の一部分として発音することによって、呼んでいるものなのではなくて、何か名前の正しさというものが本性的に（自然に）存在しているのであり、それはギリシア人にも外国人にも万人に同一のものなのであると、このように彼は主張するのです。そこでぼくが彼に質問しました。クラテュロスという名前は、真実に彼の名前であるのかどうかとね。彼はそうだと肯定しました。」(『クラテュロス』, 383B)

ヘルモゲネスは「音と意味のつながりは、人と人の申し合わせ」で決まっていると考えています。それに対して、クラテュロスは「名前にものに本性的に（＝その性質を反映する形で）定まっている」と考えています。この対話篇の前半部では、ソクラテスはクラテュロスの意見に同意します。ソクラテスは、道具である機織り機はその「はたを織る」という用途に適した形をしていると指摘します。また名前も「道具」であると考え、よって名前も、「ものを名指しする」という用途に適した形をしていなければならないと考えます。

　ソクラテス：「現実にはわれわれは……音声と舌と口で表現することを欲するのだから、これらを介して何らかの対象の模造品が生じたときにこそ、これらから生じたものを当の対象の表現として、われわれが所有することになるのではないだろうか……してみると名前とは、模倣される対象の音声による模造品である。そして音声で模倣する人は、何であれ彼が模倣するところのものを、名づけているわけなのだ……もしだれかが、それぞれのものの正にここ

のところを——有りかたを——文字と綴で模倣することができるならば、どうだね、その人は、それぞれのものが正にそれで有るところのものを表わすことになるのではないだろうか。」(『クラテュロス』, 423B, E)

ソクラテスは『クラテュロス』の中でさらに、ギリシャ語のρ̄(ロー)、つまり現代のアルファベットでrに当たる音の分析を始めます (426-427)。ソクラテスは、この音を発音する時には調音器官が静止することなくよく振動するとし、結果としてρはギリシャ語で運動を示す単語、例えばρειν (rhein, 流れる) やτρομοσ (tromos, 震え) などの単語に現れていると言います。また母音に関しても触れていて、α(アルファ)やη(エータ)はそれぞれ「大きい」「長い」としています。αは今のアルファベットではaですから、「/a/ =大きい」と言っているのです。この「/a/ =大きい」というつながりに関しては、第3章で詳しく取りあげます。ηは古代ギリシャ語では「長い /e/ の音」だったので、その長さが「/ee/ = 長い」というつながりを喚起したのかもしれません。また現在のiに

対応する i (イオータ) については、「細やかなもの」という記述も見られます。この観察は、「/i/ =小さい」という私たちが持つ音象徴的な感覚と似ています。

　また「名前の音そのものに意味がある」vs.「名前の音そのものには意味がない」という議論の対立は、直接的にではありませんが、旧約聖書の中でも言及されています。みなさんは聖書の中で、動物の名前がどのように決まったか知っていますか？　創世記には、アダムが神に命令されて色々な動物に名前を付けたというくだりがあります。つまり、動物の名前は人間アダムが（勝手に？）付けたとされており、どちらかというと、後者の「名前の音そのものには意味がない」に傾いていることになります。

　その聖書の伝統に影響を受けていたかどうかは分かりませんが、近代言語学の土台をつくりあげたスイス人の言語学者であるフェルディナン・ド・ソシュールは、「音と意味につながりはない（＝音と意味のつながりは恣意的である）」という立場を明確にしました。現在の理論言語学では、この立場が引き継がれて、理論言語学者と呼ばれる人たちの多くは基本的に音象徴に慎重な姿勢を

とっています。しかし、ソシュールの少し後の時代に活躍し、近代言語学に大きな影響を及ぼしたエドワード・サピアは、音象徴を実験的に研究しました。このサピアの研究に触発された人たちは、心理学・認知科学・音声学といった分野で様々な実験を行なっています。

　もちろん、「音と意味のつながりは恣意的でありうる」ということは間違いないでしょう。もし音と意味の関係が一意的に決まるのであれば、すべての言語は同じ対象に対して同じ名前を付けなければおかしいということになります（ただし、すべての言語が同じ音を同じように

図 1-2：言語の恣意性の一例

⇒ /inu/（日本語）

⇒ /dɔg/（英語）

⇒ /hʊnt/（ドイツ語）

⇒ /ʃjẽ/（フランス語）

使うわけではないので、そこは差し引いて考えなくてはなりません)。しかし、実際には同じ対象(例えば、日本語で /nu/ と呼ぶもの)は、図1-2のように、色々な言語において、色々な名前で呼ばれています。

では、ソシュールの言わんとしていることを実際に読んでみましょう。

> 意味するものと意味されるものとのつながりは恣意的である。我々は、記号を記号表現(シニフィアン)と記号内容(シニフィエ)の組み合わせとして扱っているのだから、この命題は、単純に「言語の記号は恣意的である」と表現できる。
>
> 例えば、「妹・姉」という概念とフランス語でその概念を表す /sōr/ という音には内在的な関係は存在しない。この問題は他のどの音の羅列を使っても同じように表現できる。これは、言語間の相違はもとより、異なった言語が存在することによっても示されている。(川原訳)

ソシュールの言っていることももっともですが、音と意味のつながりが恣意的で「ありうる」ことと「でなければならない」こととは区別して考えないといけません。「音と意味が恣意的につながることができる」からといって、「音と意味は恣意的につながらなければならない」ということにはなりません。では、その恣意的でない部分は言語のどういうところに現れるのか？　恣意的でないつながりは偶然以上の確率で起こることがあるのか？　あるとすれば、それはなぜか？　どのような恣意的ではないパターンであれば許されるのか？　音象徴研究では、これらの疑問を体系的に研究し、答えていきます。

1.5　まとめ

　本書の目的は、「音象徴を通して、音声学を楽しく学んでもらいたい」という１点に集約されます。確かに音声学には難しい概念や数学・物理も出てきます。しかし、一度「面白い！」と思えたら、それらを学ぶのは苦にな

りません。また数学・物理も、「なるほど、こういう理由で必要なのか！」と納得できれば、学ぶのが楽しくなって、結果として結構理解できてしまうかもしれません。

　本書では全体を通じて、実験結果の説明などにグラフや表を積極的に取りいれました。グラフや表を読み解くことは、科学的思考のトレーニングにもなります。また、音象徴に直接つながりがない話題も含めて、コラムの中では、ことばに関する面白い話をたくさん取りあげていますので、楽しみながら、ことばに関する色々な発見ができると思います。「数学だ！　物理だ！」と肩に力を入れず、楽しんで読んでみてください。

　最後に、本書は音声学の本ではありますが、音声を記述する際には、国際音声記号（IPA）に厳密に従ってはいません。これは分かりやすさを重視するためです。本書では音を表す時には／／を使うことにします。

第2章

優しい音、ツンツンした音

では、いよいよ本題に入ります。早速、音象徴の具体的な例を見ていきましょう。まず本章では、第1章で触れた「ワマナ vs. サタカ」の例を掘り下げて分析してみたいと思います。思い出してみてください。「どちらの女の子の方が優しそうか」と聞かれると、なんだか「ワマナ」ちゃんの方が優しそうだという気がしませんか？「サタカ」ちゃんは「はっきりものを言う、しっかりしたサバサバした女の子」のような感じがすると思います。なぜ私たちは、名前を聞いただけで、このような判断ができるのでしょう？　この章では、この謎に迫りながら、最終的には音声学の肝の1つである「圧力変化」まで到達することを目指します。

2.1 /maluma/ と /takete/ と2つの形

　図2-1を見てください。「音象徴の研究」というと必ずと言って良いほど出てくる図です。この図はもともとは、ヴォルフガング・ケーラーという心理学者が『ゲシュタルト心理学』という本の中で使ったものです。では

みなさん、この2つの形に名前を付けてみてください。選択肢は、/maluma/ と /takete/ です。読み進める前に、必ず自分で考えてみてくださいね。どちらの形が /maluma/ で、どちらの形が /takete/ でしょうか？この形に /maluma/ と /takete/ で名前を付けたことがある人は、/rorimu/ と /kikito/、/munaya/ と /sateki/ で考えてみましょう。

図 2-1：ケーラーの不思議な図形

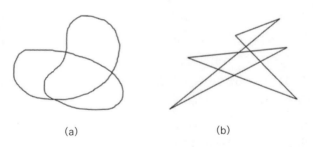

(a)　　　　　　　　(b)

どっちが /maluma/ でどっちが /takete/ ？

おそらく多くの人が（a）に /maluma/、/rorimu/、

/munaya/ を選び、(b) に /takete/、/kikito/、/sateki/ を選んだのではないでしょうか？　なぜ私たちは、初めて見る形に名前を選んで付けることができるのでしょうか。そして、なぜ私たちの多くは、(a) に /maluma/、(b) に /takete/ がふさわしいと思うのでしょうか？　コラム1-2で触れたヘルモゲネスの考えだと、名前は「社会的取り決め」ですが、そうだとすれば、私たちが「取り決めなし」にこのような感覚を共有している事実には説明がつきません。

では、図2-1の2つの形が決定的に違うのはどの点か考えてみましょう。(a) は「丸っこい」のに対して、(b) は「角ばって」いますね。みなさんも、なんとなくその点に注目して名前を選んだのではないでしょうか？　そして、音の観点から言うと、/maluma/ や /rorimu/ の方が /takete/ や /kikito/ よりも「なぜだか分からないけど、丸っこく感じる」気がしたのではないでしょうか？東京農工大学の篠原和子先生との共同研究で、図2-1のペアだけでなく、図2-2のような他の「丸っこい形」(a,c) と「角ばった形」(b,d) のペアを使って /maluma/ と /takete/ のような実験を行なったところ、やはり同じ

結果が出ました。どうやらこのような2つの形の名付けでは、「丸っこさ」と「角ばり」が何か1つキーになっているようですね。

図2-2：他の「丸っこい形」と「角ばった形」のペア

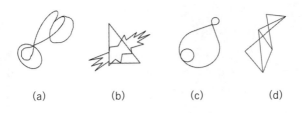

(a)　　　　(b)　　　　(c)　　　　(d)

さらに、図2-1や図2-2の「丸っこい形」と「角ばった形」に /papa/ と /mama/ の名前を割り振るとすると、どちらが /papa/ で、どちらが /mama/ になるでしょうか？　おそらく（a,c）が /mama/ で（b,d）が /papa/ になるのではないでしょうか。/mama/ vs. /papa/ と心の中で1回発音してみましょう。/mama/ はなんとなく（というか、とっても！）/maluma/ に響きが似ています。どちらかといえばですが、/papa/ は /maluma/ よりも

第2章　優しい音、ツンツンした音

/takete/ に響きが似ているような気がしませんか？「/mama/ は柔らかい響きで、柔らかい形が似合う。一方、/papa/ は硬い響きで、角ばった形が似合う」と考えた人もいるのではないでしょうか。

コラム 2-1 動きであっても /maluma/ は /maluma/

　言語学者の篠原和子先生と運動科学者の田中秀幸先生と共同で、以下のような実験を行ないました。自分の運動を厳密にコントロールできる田中先生が、黒子の格好をして手先に光源を付け、図 2-1 の /maluma/ と /takete/ の 2 通りの動きをしました。また、ビデオを編集して田中先生の姿は消し、光源だけが見えるような動画も用意しました。そして日本人の学生にそれらの動画を見せ、先生の動きや光源の動きに名前を付けてもらったところ、図 2-1（a）の動きには /maluma/、/rorimu/、/munaya/ のような名前が付けられることが多く、図 2-1（b）の動きには /takete/、/kikito/、

/sateki/ のような名前が多く付けられました。この研究で示唆された「図形だけでなく、動きそのものにも直接名前が付けられるのか」という問いは、音象徴研究の新たな課題と言えるでしょう。

ちなみに、この運動科学者である田中先生の最終目的は、「スポーツを教える際、より効果的に擬音語・擬態語を用いること」だそうです。確かに、日本語ではスポーツの指示に擬音語・擬態語をたくさん使います。手を「ぎゅっ」と握る。足を「すっ」と引く。腰を「どしん」と落とす。私たちの身体運動がどのような音で表されるのかを体系的に調べてみると、面白い研究につながりそうですね。手を「ぎゅっ」と握った時と「きゅっ」と握った時では、どちらの方が力を入れやすいでしょうか？このようにスポーツ指導で使う擬音語・擬態語を「スポーツ・オノマトペ」と呼んで研究している学者は結構いらっしゃるようです。

指導中に使うオノマトペに関して、慶應義塾大学の大学院生（当時）の五所方実さんが面白いことを教えてくれました。オーケストラで指揮者が、楽器の微妙な音色を、独特の擬音語を使って伝えることがあるというので

す。例えば、彼女の所属するオーケストラでは、指揮者がホルン奏者に対して「丸い感じの音をイメージしてくれる？ トゥ〜ん、トゥ〜ん、トゥ〜んじゃなくて、で〜ん、で〜ん、で〜ん、で〜んって感じ」と指示したことがあったそうです。なんとなく感覚が伝わってくる気がしますね。このように、「指揮者が演奏者に対して、どのような音楽的情報をどのような言葉で伝えるか」という問題も、研究に値するテーマと言えるでしょう。

2.2 名前で魅力度が変わる？

　図2-1、2-2の例から分かったように、私たちは、物体の外見を見て、名前を選ぶことができてしまいます。これはつまり、私たちが「外見」と「名前」の間につながりを見いだしているということです。では逆に、「名前」は「外見」の判断に影響するのでしょうか？ この疑問については、実際に実験が行なわれています。認知科学者のエイミー・パーフォースが大学院生時代に行なった

実験なのですが、とても興味深い結果が出て、この実験は言語学の世界で有名になりました。

実験では、写真に写っている人の魅力度を参加者が判定するウェブサイトを使い、同じ人の写真に色々な名前を付けてアップロードし、名前によって魅力度に差が出るかどうかを調査しました。その結果、「同じ写真であっても名前によって魅力度が変わる」という傾向が見られたのです。

ここで、この結果を深く理解するために、音声学の中で大事な概念である、「阻害音」と「共鳴音」の区別を紹介しましょう。これらの音の厳密な区別の定義は、本章の最後の節でお話ししますが、まず今のところは、以下のように考えておいてください。私たちの出す音声は、「阻害音」と「共鳴音」という2種類の音に分類されます。

(1) 阻害音:/p/（パ行），/t/（タ行），/k/（カ行），/b/（バ行），/d/（ダ行），/g/（ガ行），/s/（サ行），/z/（ザ行），/h/（ハ行）

(2) 共鳴音:/m/（マ行），/n/（ナ行），/y/（ヤ行），/r/（ラ

行)、/w/（ワ行）

　この区別は、実は日本人には結構分かりやすいものです。「濁点を付けられるもの、もしくは濁点が付いているもの＝阻害音」「濁点を付けられないもの＝共鳴音」です。ここで、図 2-1 に戻ってみましょう。図（a）に付けやすい名前に使われている音には、共鳴音が多くありませんか？　また図（b）に付けられやすい名前に使われている音には、阻害音が多くないでしょうか？　読み急ごうとせず、/maluma/、/rorimu/、/munaya/、/takete/、/kikito/、/sateki/ それぞれについて、共鳴音と阻害音どちらが使われているか、確認してみてください。

　パーフォースの実験では、図形への名付けと同じように、「男性の名前では阻害音を含んだ名前が魅力的とされ、女性の名前では共鳴音を含んだ名前が魅力的とされる」という結果が出ました。例えば、女性の名前としては、Lara（ララ）、Melanie（メラニー）、Laura（ローラ）、Nina（ニーナ）のような名前が魅力的で、男性の名前としては、Jack（ジャック）、Jesse（ジェシー）、David（デイビッド）、George（ジョージ）のような名前が魅力的だと判断されたということです。し

つこいようですが、ここでも阻害音と共鳴音の違いを、それぞれの名前を発音しながら確認しておきましょう。この実験は英語の名前を対象にしたものですが、日本語にも当てはまるかもしれません。みなさんも自分や周りの人の名前を分析して、魅力的な音が使われているかそうでないか、考えたり議論したりしてみましょう。

　こうしてみると、「共鳴音→丸っこい(/maluma/ の図)→女性的」という連想が働き、「阻害音→角ばっている(/takete/ の図)→男性的」という連想が働いているのかもしれないと推測されます。もちろん、私は「女性は丸くあれ」とか「男性は逆三角形であれ」などと推奨しているわけではありません。あくまで、「このような抽象的な連想によって、魅力度判定に差が出たのでは？」という推論をしているだけです。また、外見だけで人の魅力を判断することを推奨しているわけでもありません。ともあれ、パーフォースの魅力度判断の実験結果は、「実在の人物の名前」に影響を受けていることは間違いないでしょう。例えばLaraという恋人がいる人は、Laraと名前のついた写真を魅力的だと判断した可能性があります。また、Jesseという男性俳優のファンであ

れば、Jesseと書かれた男性の写真を見て魅力的だと思ったかもしれません。ですから、この実験の結果から、「名前の音だけで魅力度が上がる」と断定することはできません。ただ、パーフォースの実験結果は、実在の人物の影響を受けているかもしれないことを差し引いても、興味深いものだと思います。

コラム2-2 「やよい」ちゃんと「さつき」ちゃん

　パーフォースの実験結果を知っていた私は、長女が生まれる直前に「やよい（Yayoi）」という名前を付けたいと妻に申し出ました。3月生まれですし、女の子であれば、「共鳴音を含んだ（もっと言えば、/y/ という共鳴音しか含んでいない！）『やよい』ちゃんはかわいい！」という、音象徴的に考えると実にもっともな主張です。しかし、「やよい」という名前は妻と義母に「なんだか頼りない」と言われ、あっさり却下されてしまいました（却下の理由もなんだか音象徴的！　それと全国の「やよい」さん、すみません！）。そうして、なんだかんだで、

娘の名前は「さつき（Satsuki）」になりました。この名前に含まれている子音は /s, t, k/ で、音象徴的にはすべて男の子向けの子音（つまり阻害音）です。

　でも、今では「さつき」にして良かったと思っています。名前には両親からの色々な思いが込められています。実際「さつき（咲月）」には、妻（朋子）の名前の漢字の一部（月）が入っています。私は妻と義母との娘の名付けを巡る議論を経て、「名付けの際に音象徴だけにこだわるのも、それまた違うのだな」と痛感しました。ですから、全国のお母さんたち・お父さんたちも、音象徴だけにこだわって他の家族と喧嘩せず、ぜひ仲良く名前を選んでください。

　また、自分の名前が「魅力的な音」を含んでいない人も、どうか嘆かないでください。私の授業を受けた学生の中には「私の名前は、姓も名も子音がすべて阻害音で、共鳴音が全く含まれていない！　なんて不幸なの！」と冗談で嘆いた女子学生もいましたが、名前に含まれる共鳴音や阻害音の話は、あくまで、音声学の議論の題材程度と思って済ませておくのが無難です。ちなみに、彼女は私の授業を取って音声学にさらなる興味を持ち、私と

共同で音声学の実験も行ない、その後音響関係の会社に就職しました。

　最後に、蛇足かもしれませんが、私の名前（Shigeto）の子音は /s, g, t/ なので、音象徴の観点から分析してみると、男性の名前としてはパーフェクトです。

2.3　男性の音、女性の音（日本人編）

　さて、第2.2節で紹介した名前の魅力度に関するパーフォースの実験は、英語で行なわれたものでした。となると、日本語ではどうなっているのか分析したくなるのが音声学者の性(さが)です。というわけで、「日本語の名前でも、男性の名前では阻害音が、女性の名前では共鳴音が好まれる」という仮説を検証するために、私は以下のような調査を行ないました。2011年に明治安田生命が発表した、人気トップ50の日本人の新生児の男の子の名前と女の子の名前に使われている子音を阻害音と共鳴音に分類し、数えてみたのです。表2-1はその結果を示したも

のです。

表 2-1：明治安田生命発表の日本人の新生児の名前人気トップ 50 における共鳴音・阻害音の分布（2011年版）

	男の子の名前	女の子の名前
共鳴音	37（35.6％）	72（67.3％）
阻害音	67（64.4％）	35（32.7％）
合計	104	107

ご覧の通り、男の子の名前には阻害音が多く（64％）、女の子の名前には共鳴音が多い（67％）という、予想通りの結果となりました。「共鳴音＝女性的」「阻害音＝男性的」というつながりは、日本人の名前にも当てはまりそうです。

ちなみに、私は大学生の頃、Rene という名前の先生が書いた本を読んで、勝手にその著者は女性だと思っていました。ところが実際にお会いしたら、Rene 先生は男性で、びっくりしたのを覚えています。よく考えれば、有名な哲学者のデカルトもファーストネームは Rene な

ので、気づいても良かったはずなのですが……。今考えると、/r/ も /n/ も共鳴音なので、女性だと思ってしまっていたのでしょう。私と同じように、日本人のみなさんも、「Rene 先生」は女性だと思ってしまいませんか？この誤解も、日本人が「共鳴音＝女性的」というつながりを持っているからこそ生まれたものだと言えるでしょう。

2.4 秋葉原のメイドさんの名前を分析してみた

　では次に、突然ですが、秋葉原のメイドさんについて考えてみたいと思います。私は以前、秋葉原のメイドさんたちの声を音声学的に分析したことがあります。そこで、今度は「共鳴音＝女性的」「阻害音＝男性的」という音象徴が、メイド名の名付け方にどのように影響するのかを調査してみました。初めに思いついた仮説は、「メイドさんは、一般的な女性よりも『より女性的』な面を押し出すために、女性的な音を好み、自分のメイド名を

選ぶ際には、共鳴音を一般の女性の名前よりも多く利用する」というものでした。実際にメイドさんたちは、「メロ」ちゃん「ネオン」ちゃん「ミユナ」ちゃんなど、当時としてはあまり一般的ではない名前を使っていて、そういう名前には共鳴音を使った名前が多いような気がしたのです。そこで私は、「メイド名には一般的な女性の名前よりも共鳴音が多く含まれる」という仮説を検証するために、秋葉原のメイド喫茶「あっとほぉ〜むカフェ」のウェブサイトで公開されているメイドさんの名前を分析してみました。なぜこのメイド喫茶を分析対象に選んだかというと、このメイド喫茶が業界大手の1つであり、また、所属するすべてのメイドさんの名前をウェブ上に公開していたからです。もちろん、私が通った行ったことがあるメイド喫茶だったということもありますが……。

　結果は表2-2の通り、私の予想を裏切って「メイド名に特に多く共鳴音が使われていることはない」という結果になってしまいました。メイド名では295個の子音中171個が共鳴音で、その割合は58％でした。明治安田生命の一般の女の子の名前では共鳴音の割合は67％です

から、名前における共鳴音の割合は、メイド名の方が低かったわけです。ただし、統計的な有意差はなかったので、「メイド名に、共鳴音が特に少ない」というわけでもありませんでした。ともあれ、私の仮説は間違っていたことになります。しかし、ここで「メイド名の名付けの研究」を諦めたくはなかった私は、秋葉原へ再びフィールドワークに向かいました。決して、ただの趣味のメイド喫茶巡りではありません。そう、言語学のフィールドワークというとアフリカや中南米など遠くに行かないといけない印象があるかもしれませんが、秋葉原にフィールドワークに行ったって良いのです！

表2-2：明治安田生命発表の人気の女の子の名前 vs. あっとほぉ～むカフェのメイドさんの名前

	一般の女の子の名前	メイドさんの名前
共鳴音	72（67.3%）	171（58.0%）
阻害音	35（32.7%）	124（42.0%）
合計	107	295

というわけで、再び実際にメイド喫茶に赴いてメイド

さんたちに話を聞いてみたところ、興味深い発見をすることができました。もちろん、「なぜあなたたちメイドさんの名前には、共鳴音がそれほど多くないの？」と直接聞くわけにいきませんから、「名前は自由に選べるのですか？ あなたは、どんなふうにメイド名を決めましたか？」など色々とさりげなく聞きだすわけですが、すると、メイドさんの中にも様々なタイプがいることが分かってきたのです。メイドさんの中には可愛さを追求する「萌えタイプ」の他に、ちょっとお姉さん的な、クールでツンとした雰囲気を追求する「ツンタイプ」もいるのでした。後者は、フロアの全体を見渡しながらリーダーシップを取るようなタイプのメイドさんになることが多いようです。

　このフィールドワークで分かったことは、一番初めに立てた仮説の前提となる「メイドさん＝一般の女性より女性的」という仮定がそもそも間違っていたということです。私は仮説を修正し、新たな仮説を立てました。第2の仮説は「メイドさんの中には『萌えタイプ』と『ツンタイプ』がいて、自分がそのどちらのタイプを目指すかによって、異なる音を名前に使う」というものです（図

2-3)。そして、今度はこの新たな仮説を検証することにしました。もちろん今回も、メイドさん1人1人に「あなたは『萌え』ですか？『ツン』ですか？」と聞くわけにはいきません。そこで、私は次のような実験を行ないました。

図 2-3：「萌えメイド」vs.「ツンメイド」

どちらが「ワマナ」ちゃんでどちらが「サタカ」ちゃん？

まず、秋葉原で働く現役のメイドさん10名に、共鳴

音だけを使った架空のメイド名（例えば「ワマナ」や「レヨナ」）と阻害音だけを使ったメイド名（例えば「サタカ」や「セトカ」）を提示しました。そして、どちらが「萌えメイド」の名前で、どちらが「ツンメイド」の名前だと思うか、選んでもらいました（図2-3）。実験の結果、「共鳴音の入った名前＝萌えメイド」「阻害音の入った名前＝ツンメイド」と結びつけられた確率は、74％でした。これは、かなり強い音象徴の影響があったと言えます。また、実際に実験に参加してくれたメイドさんたちの中には、「サ行の名前はツンっぽいけれど、ラ行は萌え系っぽい。不思議」とか「サ行とタ行がツンっぽい。ラ行が萌えっぽい」といった、本質を突いたコメントをしてくれた方々もいらっしゃいました。

　この実験を通して分かったことは、メイドさんの意識の中に「共鳴音＝萌え」「阻害音＝ツン」というつながりがあり、それがメイド名の付け方に影響を及ぼしているかもしれないということです。これが正しいとすると、「ツンメイド」を目指す人は阻害音を名前に使うということになります。

　また、この「共鳴音＝萌え」「阻害音＝ツン」という

感覚はメイドさんだけに備わっているものかというと、そうではありません。すでにみなさんも「ワマナ」ちゃんと「サタカ」ちゃんの例で女の子の性格を名前から推察できたように、現役のメイドさんとして働いていなくても、私たちもこういう感覚を共有しているのです。実際に、一般人も同じ感覚を持っているか別の実験で確かめたところ、メイドさんではない人たちも「共鳴音＝萌え」「阻害音＝ツン」というつながりを持っていることが確認されました。そうでないと、一般のお客さんにメイドさんたちが名前で伝えたかったイメージを分かってもらえなくなってしまいますから、当然といえば当然ですが！

コラム2-3 萌え声とツン声を使い分ける声優さん

音声学の講演会などで、メイドの名付けについてのこの発表をすると、時々「あなたは萌えの本質を誤解している。萌えはデレの背後にツンが存在してこその萌えであり、萌えはツンを内包している。つまり、ツンと萌え

は対立した概念ではない」とお叱りを受けることがあります。これには「いや、ごもっとも」と言うしかありません。「ツンデレ」が「萌え」の1つの現れであるならば、「ツン」は「萌え」の一側面であり、「ツン」と「デレ」こそが対義語であると言わなくてはいけないのでしょう。そして、「萌え」はその「ツンデレ」の対立を内包する概念であると言うのが正しい「萌え」の定義なのかもしれません。しかし音声学のレベルでは、「萌え」vs.「ツン」の対立を研究しても良いと私は思っています。

　これは音象徴の研究ではないのですが、ある音声学の実験で、プロの声優に色々な文を「萌え声」と「ツン声」の区別を付けて読んでもらいました。すると、「萌え声」と「ツン声」の間には、はっきりとした音声的な違いが出たのです。これはつまり、プロの声優は「萌え」vs.「ツン」の概念を理解し、異なる音声で表現できるということです。したがって、「萌え」vs.「ツン」は対立するものとして、研究対象に入れても良いのではないかと思うのです。もちろん、「ツン」と「デレ」の声の違いを音声学的に研究してみても良いのですが……。

2011年と2016年を比較してみよう

　早いもので、私が明治安田生命の人気の名前や「あっとほぉ～むカフェ」のメイド名の分析を行なってから6年も経ってしまいました。名前のトレンドも変わっているでしょう。そこで、2016年の人気の名前も分析してみましたので、表2-3に結果を載せます。具体的な数値は異なっていますが「男の子の名前＝阻害音」「女の子の名前＝共鳴音」という傾向は変わっていないようです。ただし、女の子の名前に含まれる共鳴音の確率が多少下がっています。みなさんも他の年の人気の名前を分析してみてはいかがでしょうか？　また最近の「あっとほぉ～むカフェ」のメイド名の分析は行なっていません。最近のメイド名の傾向が気になる人はいませんか？　いたらぜひ調べてみてください。

　また、日本人に人気の名前の歴史的変化をたどってみるのも面白そうです。あくまで私の印象ですが、最近は、漢字や意味を基準に選んだ名前よりも、響きを重視した名前の方が増えている気がします。もしかしたら、「男

表2-3：明治安田生命発表の人気の名前（2016年版）

	男の子の名前	女の子の名前
共鳴音	36（33.0%）	55（55.6%）
阻害音	73（67.0%）	44（44.4%）
合計	109	99

の子の名前＝阻害音」「女の子の名前＝共鳴音」というつながりが現代に近付くほど強くなる傾向にあるのかもしれません。これもまた研究に値するテーマです。明治安田生命は1912年からの男の子の名前と女の子の名前それぞれのベスト10を公開していますから、データはすでに揃っています。興味がある人は研究してみましょう！

2.5 まじめな話：「萌え」と「ツン」と「圧力変化」

　さてお約束した通り、本章の締めとして、音声学の深淵にさらに一歩足を踏み入れてみましょう。少し難しいので、嫌な人は飛ばしてしまっても構いませんが、最後には驚愕の結論が待っています！　第2.2節では、阻害音はこういう音ですよ、共鳴音はこういう音ですよ、とただリストを提示しました（61ページ）。そして濁点がつく可能性がある音が前者、濁点を付ける可能性すらないものが後者だと述べました。しかし、「阻害音」と「共鳴音」の違いは、もっと物理学的に（！）はっきりと定義することができます。しかも、その定義を理解すると、なぜ「阻害音＝角ばっている」というつながりが生まれるのかも理解できるようになります。

　その物理学的な定義とは「阻害音は口腔内気圧が上がる音」「共鳴音は口腔内気圧があまり上がらない音」というものです。「口腔内」というのは「口の中」を専門的に言ったものです。実際に自分の口で発音して試してみましょう。/apppppppppa/ というように、/p/ を

すごく長くして発音してみてください。連続で /p/ を何度も発音するのではなくて、1つの /p/ を長く発音してみてください。頬が内側から押されて、広がる感覚がありませんか？　これは口腔内気圧が上がっている証拠です。もう一度 (1) のリストを見てみると、阻害音は /p,t,k,b,d,g,s,z,h/ ですね。この中の始めの6つの音 /p,t,k,b,d,g/ は「閉鎖音」といって、口腔のどこかが完全に閉じて、空気の流れが完全に止まる音です。例えば、/p/ ですが、数回「ぱ、ぱ、ぱ」と発音してみましょう。両唇が閉じているのが感じられますか？　同じように、数回「た、た、た」と発音してみましょう。舌先で口腔の前の方を閉じているのが感じられるでしょうか？「か、か、か」では舌の後ろ側を使って、口腔の奥を閉じます。第3章でも扱いますが、医療で使うＭＲＩを用いると、この口腔の閉じを画像ではっきりと見ることができます。図2-4を見ると、どの図でも口腔が閉じているのが分かりますね。

　閉鎖音を発音する際は、このように口腔が閉じる一方で、口腔の中には肺から空気が流れ込みます。そうすると、結果として口腔内に空気がたまり、口腔内気圧が上がり

図 2-4：MRI で見る口腔の閉じ。話者は左側を向いている

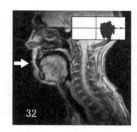

(a) 両唇での閉じ（/p,b/）

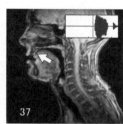

(b) 舌先を使った閉じ（/t,d/）

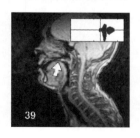

(c) 舌の後ろを使った閉じ（/k,g/）

ます。実際に発音中の口腔内気圧の変化を測った研究があるので、その結果を図2-5に示します。縦軸が口腔内の圧力です。やはり /p/ の部分で圧力が一気に上がっています。一方、母音を発音している間は、口腔が開いていて、圧力が低くなるのが見て取れます。

　残りの3つの阻害音である /s,z,h/ は、「摩擦音」と呼ばれます。閉鎖音は口腔が完全に閉じるのに対して、摩擦音では口腔が少しだけ開いています。ただし、開いている部分が非常に狭いので、結果として摩擦が生じます。

図2-5：/apa/ の発音時の口腔内気圧の変化

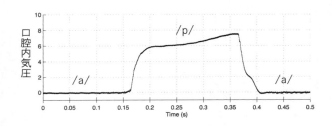

作成者の許可を得て転載。詳細はサポートページの文献案内を参照（図2-6も同様）

/sssssssss/と長く発音すると、摩擦の音が聞こえませんか？（母音を延ばして、/suuuuuuuu/と発音しないように気をつけましょう）。イメージとしては、ホースで庭に水を撒く時に、ホースの口を指で潰すと水が遠くまで飛びますが、あの「口を潰されたホース」が摩擦音を発する時の口の中の状態です。摩擦という空気の乱気流を生じさせるために、口腔内気圧が上がるのです。図2-6に摩擦音（= /s/）発音時の口腔内気圧の上昇を示します。

これら阻害音に対して、共鳴音を発音する際は口腔

図2-6：/asa/の発音時の口腔内気圧の変化

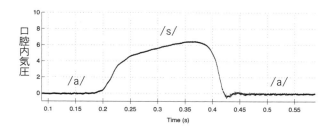

のどこかしらが大きく開いています。例えば、/w/ は、実際に「わ、わ、わ」と発音してみると、唇がちょっと狭まりますが、口腔全体としては開いているのが分かると思います。「あれ？ /m/ を発音する時には、口腔が完全に閉じているよ」と思った人は鋭い。そうです、口腔は両唇によって閉じられます。ただ、鼻から空気が抜けているのです。ですから、鼻をふさいでしまうと、/m/ や /n/ は発音できなくなってしまいます。試しに鼻を塞いで /mmmmmm/ とハミングしてみてください。苦しくて続けられなくなるはずです。風邪をひいて鼻が詰まった時に発音できなくなってしまうのも、/m/ や /n/ です。こうやって実際に発音してみると分かると思いますが、/m/ や /n/ は鼻から空気が流れます。図 2-7 に示してあるように、/m/ や /n/ のような「空気がスムーズに流れる音」を発音する際は、口腔内気圧はあまり上昇しません。これらの音が「共鳴音」です。

　さて、「阻害音」と「共鳴音」を区別するこの「口腔内気圧の上昇」ですが、これはある音響的な特徴（話者と聴者の間の空気の圧力変化）として現れます。閉鎖音に関して言うと、閉鎖音を発音している間の口腔の中は、

図 2-7：/ama/ の発音時の口腔内気圧の変化

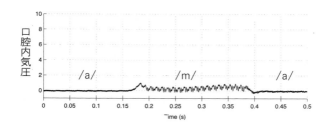

圧力が高まった風船のようなものです。そこで閉じを開放すると、風船に穴を空けた時のように、パチンと「破裂」が起きます。ですから、これらの音は「破裂音」と呼ぶこともあります。また、摩擦音は前に述べたように乱気流を起こすのが特徴です。この「破裂」と「摩擦」は、物理的には「非周期的」な音としてまとめられます。それに対して、共鳴音は「周期的」な音です。厳密に定義すると、周期的な音は「ある地点から次の地点の圧力が予想できるもの」、非周期的な音は「次の地点の圧力が予想できないもの」です。この厳密な定義が分からなくても、図にして見ると簡単に分かります。図 2-8 は

図 2-8：/t,s,n,w/ の圧力変化

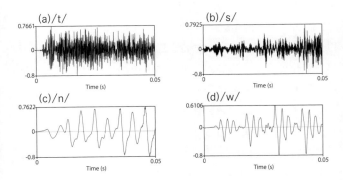

縦軸は圧力（Pa）。横軸は時間（0.05 秒）

/t,s,n,w/ それぞれの圧力変化を示したものです。

　図 2-8 は、私の /t,s,n,w/ の発音の初めの 0.05 秒を切り取って、その圧力変化を表した波形とよばれるものです。つまり、これらの波形は、私が /t,s,n,w/ を発音した時、まわりの空気の圧力がどのように変化していたかを示しています。上段が阻害音である /t,s/ で、下段が共鳴音である /n,w/ です。お分かりの通り、上段の圧力変化はとても「角ばって」いて、図 2-1（b）の /

takete/ と名付けられた形に似ています。逆に下段の圧力変化は、ゆっくりと「丸っこく」変化していて、図2-1（a）の /maluma/ と名付けられた形に似ています。

　ここから考えられるのは、このような様々な「音の圧力変化の形」の違いが、形そのものの名付けのパターンに影響し、ひいてはその名前を通して人がそれに対して抱くイメージにすら影響を与えてしまうことがあるということです。まとめると、「阻害音」→「口腔の狭め（閉じ）が強い」→「口腔内気圧の上昇あり」→「音響的に角ばっている」→ /takete/ →「ツンメイド名（サタカ）」となり、「共鳴音」→「口腔の狭めが弱い」→「口腔内気圧の上昇なし」→「音響的に丸っこい」→ /maluma/ →「萌えメイド名（ワマナ）」という連想が成り立っているという可能性があるのです。

コラム 2-5 「マナカナ」vs.「カナマナ」

　第2.5節で共鳴音の代表として取りあげた「マ行」の /m/ と「ナ行」の /n/ ですが、これらの音は「鼻から

空気が流れている」ことから「鼻音(びおん)」と呼ばれます。これらの音が1つのカテゴリーとしてまとまっていることを示す面白い例を、当時大学院生だった熊谷学而(がくじ)くんが発見したので、紹介します。双子芸能人の「マナ」と「カナ」のコンビ名は「マナカナ」です。また、卓球選手の「ミウ」と「ミマ」のコンビ名は「ミウミマ」です。ではなぜ、前者のコンビ名は「マナカナ」で、「カナマナ」ではないのでしょう？ 同じように「ミウ」と「ミマ」はなぜ、「ミウミマ」であって「ミマミウ」ではなかったのでしょう？ 試しにそれぞれ発音してみましょう。なんだか「カナマナ」や「ミマミウ」は発音しづらい気がしませんか？ これらの発音しづらい名前をじっくり観察すると、/kanamana/ は /n/ と /m/ が（母音を挟んで）3つ並んでいて、/mimamiu/ は /m/ が3つ並んでいます。この「似たような音の並び」が発音のしづらさの原因になっているのかもしれません。このように「似たような音が隣同士にくると発音がしづらくなる」という現象は、実は他の様々な言語でも観察されています。

例えば、英語には、slow → slowly のように形容詞から副詞を作る接辞 -ly がありますが、この接辞はすで

にlyで終わっている形容詞にはくっつくことができません。ですから、×silly-lyとか×friendly-lyというような副詞は作れないのです。ここにも「似たような音の並びを避ける傾向」が現れています。

　この「似たような音の並びを避ける傾向」をうまく利用しているのが早口言葉です。早口言葉には「似たような音」がたくさん並んで出てきます。英語で有名なのは「She sells seashells by the seashore. The shells she sells are surely seashells. So if she sells shells on the seashore, I'm sure she sells seashore shells」ですね。/s/ と /sʌ/（発音記号で書くと /ʃ/）が並んでいて、とても発音しづらいものです。日本語でも「新進シャンソン歌手総出演新春シャンソンショー」という早口言葉がありますが、これも似たような例です。「同じような音が続くのは、発音が難しくて嫌だ！」という私たちの発音上の好みが、「マナカナ」や「ミウミマ」の名付けの理由になっているのかもしれません。

なぜ「ま」には濁点が付けられないの?

　第2.2節でも述べましたが、共鳴音は「日本語で濁点が付けられない音」と理解しても構いません。でも、なぜ濁点が付けられないのでしょう?　そもそも濁点とはなんなのでしょう?　第4章で詳しく述べますが、濁点は簡単に言うと、「声帯の振動(＝有声音)」を表しています。私たちが「た」の子音部分(＝/t/)を発音する際は、声帯が振動しませんが、「だ」の子音部分(＝/d/)を発音する際は、声帯が振動します。ただし、共鳴音は「声帯が振動していないから濁点が付かない」のではなくて、「声帯が振動するのが当たり前だから濁点が付かない」のです。共鳴音は肺から口の外まで空気がスムーズに流れるので、声帯振動が自然に起こります。なので、わざわざ濁点を付けて表現することはないのです。身近な比喩を使いますと、バスの終点まで乗っているお客さんは、終点で降りることが分かっているので、わざわざ降車ブザーを押さなくても運転手さんは降ろしてくれる、という状況に似ています。共鳴音の声帯振動に比べて、阻害音の声帯振動はもうちょっと複雑な問題

を孕んでいるのですが、その解説は第4章のお楽しみに取っておきましょう。

　これを読んだみなさんの中には、「共鳴音の中にも濁点が付けられるものがある」と思った人もいるかもしれません。たしかに、漫画などでは「あ」に無理やり濁点を付けて「あ゛」と書くことがあります。この音を発音しようとすると、喉の奥でガラガラする音になりませんか？　あれは「あ」を無理やり「阻害音化」しているからです。「あ」を発音する口の形をして、声帯をとても強く閉めて阻害音っぽい音を出しているということです。「濁点＝阻害音の声帯振動」ですから、母音に濁点を付けた音を発音しようとすると、声帯振動はすでに起こっていますので、無理やり「阻害音化」して発音することになるのです。また、カタカナの「ウ」に濁点を付けて（「ヴ」）、英語の /v/ を表すことがありますが、この習慣も理にかなったものです。/v/ は摩擦音、すなわち阻害音ですから、濁点を付けることで阻害音であることを表しているのでしょう。つまり正確に言えば、「濁点とは阻害音で、かつ声帯が振動している音を表す」となるかもしれません。

ちなみに、「パ、ピ、プ、ペ、ポ」の右上に書く小さな丸を「半濁点」と呼びますが、音声学的には /p/ は半分だけ濁音なわけではなく、「声帯が振動しない無声音 100%」です。なのに、なぜわざわざ半濁点が必要なのかというと、日本語の /p/ が昔 /h/ に変わってしまったからです。後に「パン」や「ペン」などの外来語が入ってきて /p/ の発音が復活し、/p/ の音を表す記号が必要になり、半濁点が作り出されたのです。しかし、「半濁音」という名前は、音声学的には不正確な名前です。

コラム 2-7　阻害音と小さい「っ」

　この章では「阻害音」と「共鳴音」の区別がとても大切だということを繰り返し述べてきました。なぜ私がこの点を強調するかというと、私たちの音声コミュニケーションの特徴を理解するためには、この区別が非常に重要だからです。前のコラム 2-6 にも関連しますが、日本語で濁点を付けられるのは、阻害音だけです。ですか

ら、「濁点」という概念を理解するためには、「阻害音」という概念を理解することが必須となります。

　もう1つ例をあげましょう。試しに、日本語で小さい「っ」が前にくる音を含んだ単語を考えてみてください。必ず自分で考えてくださいね。「買った」「あっさり」「キッパリ」「活気」などなどたくさんあると思います。何か気づきましたか？　実は「っ」の後にくる音は阻害音に限られています。「かっわいい」のような強調形を除けば、「っ」が共鳴音の前に出てくることはありません。また、「真」という接辞は、何かにくっつくと「っ」が出てきますが、実際に「真」を付けられる単語を考えてみると、「真っ赤」「真っ茶色」「真っ当」「真っ白」というように阻害音が「っ」の後に来るような単語を作るのは可能ですが、「真っ緑」「真っ柔らかい」「真っ分かりやすい」とはいえません。これは共鳴音が長くなることを避けるためと考えられます。ちなみに、長い共鳴音を避ける傾向は、インドネシアで話されているスラヤール語やフィリピンで話されているイロカノ語にも見られます。同じ傾向が異なる言語で見られるというのは面白いですね。

では、なぜ異なる言語で「『っ』の後にくる音は阻害音に限られる」のでしょうか？　これを話し出すと相当専門的な話になってしまうので、ここではこれ以上立ち入りませんが、この問題、実は私が博士論文で取り組んでいて思い入れが深いものです。

阻害音と語形成

　阻害音という概念の大切さを物語る例をもう1つあげましょう。英語では形容詞に -en を付けて、「〜する」という動詞を作ることができます。例えば、red→redd-en（赤くする）、hard→hard-en（硬くする）、soft→soft-en（柔らかくする）、sharp→sharp-en（鋭くする）、less→less-en（少なくする）といった具合です。でも似たような形容詞であっても、yellow→× yellow-en（黄色くする？）、purple→× purpl-en（紫にする？）、green→green-en（緑にする？）とは言えません。なぜ「赤くする」は良くて、「緑にする」は

ダメなのでしょうか？ これは意味の問題ではなく、音の問題のようです。

どのような形容詞になら -en を付けられて、どのような形容詞には -en が付けられないのでしょうか？ -en が付けられる単語と付けられない単語のリストを作って、どのような区別に基づいているか考えてみましょう。ヒントは「阻害音」です。

2.6 まとめ

私たちが使っている音は、音響的に見て「丸っこい音」と「角ばった音」に大別できます。実際に「丸っこい音」は「丸っこい図形」や「優しい人柄」「女性」的なイメージを想起させます。逆に「角ばった音」は「角ばった図形」や「ツンツンした人柄」、または「男性」的なイメージを喚起します。共鳴音では、口腔内気圧の上昇が起こらないので、音響的には「丸み」を帯びています。その丸みが「女性」的なイメージや「萌え」につな

がっていても不思議ではありません。一方、「角ばった音」すなわち「阻害音」は「口腔内気圧が上がる音」として定義されるもので、その結果として、音響的には「角ばった形」をした圧力変化が生み出されます。

　本章で学んだ「阻害音」と「共鳴音」の違いは、音声学を学ぶ上で非常に重要なものです。また、口腔内気圧の変化というのも、音の振る舞いを理解する上でとても大事な要素です。本書の冒頭で音象徴は音声学への入門の題材だと言いましたが、「阻害音」「共鳴音」「口腔内気圧」などの概念を学んだみなさんは、すでに本格的な音声学の世界に足を踏み入れているのです！

第 3 章

大きな音、小さい音

前章では、子音に焦点を当てて話を進めました。この章では、母音に関わる音象徴を分析しながら、母音の調音や音響について学んでいきましょう。

3.1 /a/ と /i/ はどちらが大きい？

みなさん、「/a/ と /i/ では、どっちが大きい？」と聞かれたら、何と答えますか？ 音象徴の中で最も頻繁に議論されるのが、色々な音の持つ大きさのイメージかもしれません。コラム 1-2 でも触れた、現代の音象徴研究の火付け役となったエドワード・サピアの研究も大きさに関するものでした。サピアはアメリカ人の高校生 500 人を相手に、「ある言語には、テーブルを表す 2 つの単語 /mi/ と /mal/ が存在します。1 つのテーブルは大きく、もう 1 つのテーブルは小さいのですが、どちらがどちらでしょうか？」と質問しました。みなさんも、この質問に対する答えを考えてみてください。

私も実際に日本で似たような実験をしたところ、多くの人が「/mal/ の方が大きいテーブルだ」と答えました。

また、韓国語話者や中国語話者に対しても似たような実験をしましたが、この傾向は変わりませんでした。多くの人が、「/a/ は /i/ よりも大きい」と感じるようで、この感覚は様々な言語の話者の間で共有されているということが分かったのです。

「/i/ = 小さい」というつながりは、実験の結果にだけではなくて、実際の言語使用の場面でもよく見受けられる現象です。例えば、英語では幼児語で -y という接辞（発音は /i/）を単語の最後にくっつけると、「子ども向け」とか「かわいい」というニュアンスが加わります。mom は mommy、dad は daddy で、寝る時に使う毛布 blanket は blanky です。「ハグする」という単語（= hug）は huggy と言ったりもします。私自身、アメリカ時代、知り合いの子どもに Shiggy と呼ばれたのは良い思い出です（あえて日本語に訳せば「しげちゃん」とでもなるでしょうか……）。

日本語の擬態語や擬声語を見てみても、拗音（小さい「ゃ、ゅ、ょ」）が入ると、「小さい」というイメージが出てくることが多々あります。「ぴょこぴょこ」は小さいものが動いている感じがするし、「ちょろちょろ」は「少

しずつ水が流れている」という感じがしますよね。これは、拗音が /i/ に非常に近い音だからです。ある研究によれば「/i/ ＝小さい」というつながりは、アラビア語・ギリシャ語・ヘブライ語などにも見られるそうです。ただし、英語の「大きい」を表す単語は big で、母音が /i/ なのは皮肉にも感じられます。これは「音象徴には例外があり、音と意味の関係は恣意的でもありうる」ということの良い証拠でしょう。

　ちなみに、この章のタイトルですが「大きな音、小さい音」となっています。私は無意識にこう書いたのですが、ある人に指摘されて気がつきました。文法的には「大きい音、小さい音」か「大きな音、小さな音」と品詞を揃えた方が良いですよね。でも、私は心のどこかで前半部は「大きさ」を強調するために「大きな」で /a/ で終わるように、後半部は「小ささ」を強調するために「小さい」と /i/ で終わるように仕組んだのでしょう。音象徴の本を書きながら、自分の文章の書き方が無意識的に音象徴に支配されていることを感じました。

　さて、big のような例外はおいておいて、なぜ「/a/ ＝大きい」「/i/ ＝小さい」のようなつながりが見られる

のか考えてみましょう。これは大変簡単に説明できてしまいます。私たちが /a/ を発音する時は顎が下がって口が大きく開きます。一方 /i/ を発音する時は口が小さくしか開きません。「あ、い、あ、い、あ、い」と発音してみるとよく分かると思います。歯医者さんに「口を開けてください」と言われたら、まず「あー」と口を開けますよね？　そこで「いー」と言って口を開けたら怒られてしまいます（ただし、奥歯の横をクリーニングしてもらう時は「い」と言いますね。この点に関しては、第3.4節でもう少しお話しします）。あくびをする時のように何も考えずに大きく口を開けて母音を発音すると /a/ の音が出ます。つまり、/a/ を発音する時には口が大きく開くので、この「口の開き」が「大きい」という意味そのものにつながっている可能性があります。この点に関しては、本章の後半でもっとしっかりと解説します。本章では、まずは母音が喚起する大きさのイメージを取りあげ、なぜそのようなイメージが生じるのかを解明しながら、母音の調音や音響を学んでいくことにしましょう。

コラム 3-1 「おしゃかなしゃん」の謎

　私たちが赤ちゃんに話しかける時に使う「赤ちゃんことば」では、なぜか単語に小さな「ゃ、ゅ、ょ」がつくことがあります。例えば、「おさかなさん」が「おしゃかなしゃん」になったり、「つめたい」が「ちゅめたい」になったり、「ジュース」が「ジューシュ」になったりしてしまいます。この現象は、拗音（＝硬口蓋音）をくっつけるため硬口蓋化と呼ばれます（「拗音化」とも言いますが、これは日本語独特の言い方なので、音声学ではもっと一般的な「硬口蓋化」という用語を使った方が良いでしょう）。硬口蓋化というのは、すなわち調音的には「子音と共に /i/ のような口をする」ということです。

　様々な言語における硬口蓋化現象に関する研究で、赤ちゃんことばに硬口蓋化が見られる言語は日本語だけではなく、他にもたくさんあることが分かりました。例をあげると、バスク語、エストニア語、ラトビア語、ギリシャ語、ダコタ語（北米先住民の言語の１つ）、ワルピリ語（オーストラリア先住民の言語の１つ）などなど

です。ヨーロッパから地中海、日本を回って北米からオーストラリアまで、「赤ちゃんことば」だけみても色々な地域で同じ音象徴が現れているのは興味深いことです。では、なぜ赤ちゃんことばでは硬口蓋化が起こるのでしょうか。その答えは、「硬口蓋音＝小さい」というつながりがあるので、硬口蓋音は赤ちゃんにぴったりなのかもしれません。

3.2 新種の蝶に名前を付けてみよう

　サピアが行なったものと似たような実験ですが、ブレント・バーリンという人類学者が行なった研究に次のようなものがあります。みなさんも、自分が人類学者か昆虫学者になったつもりで考えてみてください。

　あなたのフィールドワークで、新種の蝶が2種類見つかりました。図3-1のような蝶です。あなたはこの新種の蝶を学会で発表し、その学会では、この新種の蝶に名前を付けることが決まりました。専門家たちの議論の末、

最終候補にあがった名前は、/wampang/ と /wichikip/ です。あなたなら、どちらの蝶にどちらの名前を付けますか？

図 3-1：新種の蝶 2 種類

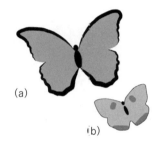

どっちが /wampang/ でどっちが /wichikip/ ？

はい、おそらくみなさん、大きい方の蝶（a）に /wampang/、小さい方の蝶（b）に /wichikip/ と名付けたのではないでしょうか。ここでも、/a/ の母音が大きい蝶にマッチしていて、/i/ の母音は小さい蝶にマッチしています。バーリンは、蝶の名前の他に、新種の鳥・魚・動物の名前でも実験・研究を行なっていますが、い

ずれも同様の結果が出ています。新種の蝶や動物に名前を付ける時は、既存の語彙に頼らなくても良いケースが多いので、音象徴的に理にかなった名前を付けやすいのかもしれません。

3.3 知らないと損するかもしれない値引きの音象徴

　最近、ブランドネームの名付けに音象徴を応用する研究も盛んになってきています。このマーケティングにおける音象徴の研究で「知らないとちょっと損するかもしれない効果」が確認されていますので、ここで紹介しましょう。この実験は英語で行なわれた、母音が持つ大きさのイメージに関する実験です。

　英語で 66 は sixty-six です。この数は数値的にはそんなに小さくありませんが、含まれている母音はすべて /i/ で、サピアが実証したように、英語でも /i/ という音は「小さい」イメージを想起させるので、音象徴的には「小さい」ということになります。この実験では「元々

10 ドルの商品を 7.66（seven sixty-six）ドルに値引きする」とした場合と「元々 10 ドルの商品を 7.22（seven twenty-two）ドルに値引きする」とした場合、なんと前者の方が「お得感」を感じる人が多いことが分かりました。もちろん 7.66 ドルと 7.22 ドルを直接比べれば「前者の方が高い」ということは明らかですが、値引きのお得感をその場で判断しなければならない状況になると、私たちは無意識のうちに音象徴に影響されて判断してしまうのかもしれないということです。この現象については、日本語ではまだ実験されていませんが、買い物をする時には、音象徴に騙されないように注意が必要かもしれません。一方、商売をしている人は、この音象徴を利用して、「実際の数字以上のお得感を出す」ことも可能になるかもしれません。

3.4 /i/ は笑顔の母音：声で恭順を示すには？

　さてここで突然ですが、みなさん、笑ってみましょ

う。口の形が /i/ になりませんでしたか？　笑おうとすると、口角が上がりますよね。実際に /i/ を発音すると、やはり唇が横に広がって、口角が上がります。ですから歯医者さんに奥歯を見せる時には、口角が上がって奥歯の横が見えやすくなるように「いー」と言うのです。では今度は、/i/ の口をしたまま怒ったふりをしてみましょう。なかなか大変です。これらのことから、/i/ を発音する時の口の形は、笑顔の時の形に似ているということが分かります。この「/i/ ＝笑顔」というつながりを偶然ととらえず、生物学的必然であると主張したのが、ジョン・オハラという音声学者です。

　動物の世界では（人間の世界でも）、相手に対して「恭順」を示すか「敵意」を示すかの区別が非常に重要です。では、「恭順」を示すには、どうしたら良いのでしょうか？「私はあなたより小さくて、かわいいですよ。だから敵意はないですよ」と伝えるのが効果的なのはもっともなことでしょう。人間だって恭順を示す時には、肩を狭めたりして自分を小さく見せますよね。土下座はその最たる例かもしれません。では、「私はあなたより小さいですよ」と音で示すためには、どうしたら良いのでし

ょう？　小さいイメージを想起させる音を使えば良いことになります。この論理に従って、「私たちは笑顔を作る時、小さい音である /i/ を使うのだ」と、オハラは主張しています。

　では次に、相手に対して敵意を見せて威嚇(いかく)する場合には、どうしたら良いのでしょうか。自分を大きく見せるのが効果的ということになります。猫が威嚇する時に、背中を丸めて毛を逆立てるのが良い例でしょう。人間だと、ガニ股で歩くとか、肩をいからせて歩くとか、そんな例があげられます。テレビでチンピラ役の人がよくやっている歩き方ですね。また、先ほど「/a/ ＝大きい」と言いましたが、/o/ も「大きい」というイメージを喚起します。ライオンがどうやって他の動物を脅すか考えてみましょう。「ガオー」ですね。また人が怒る時には「コラー」と叫ぶこともあります。漫画『ジョジョの奇妙な冒険』第3部の主役である承太郎(じょうたろう)も敵を殴る時は「オラー」と言って殴っていました。どの場合も大きいイメージを喚起する /a/ と /o/ が入っています。私は平和的な人間ですので、あまり他人を威嚇したり殴ったりはしませんが、万が一威嚇の必要が生じても /i/ は使わ

ないと思います。

3.5 お猿も使う恭順の /i/

興味深いことに、オハラによれば、「/i/ = 恭順」「/a, o/ = 威嚇」というつながりは、お猿にも当てはまるというのです（ちなみに、人間や動物が様々な感情をどのような表情を使って表すかは、かのチャールズ・ダーウィンも論じています）。

図 3-2：猿の表情

(a) 恭順　　　　　　　(b) 威嚇

Ohala の論文 (1984) を参考に描き直したもの

図3-2は猿の「恭順」と「威嚇」の表情を絵にしたものですが、(a) の恭順の表情は /i/ の口の形に似ていますね。歯がむき出しになって、一見ちょっと怖い印象も受けますが、(a) の方が「恭順」の表情です。(b) の威嚇の表情は /o/ を発音しているように見えます。動物の世界で「/i/ = 小さい = 恭順」「/o/ = 大きい = 威嚇」を示すという音声学者オハラの仮説は、動物学的観察に基づく理にかなった話なのです。

3.6　すべての母音を並べてみよう

　ここまで、/a/ と /i/ を中心に議論してきましたが、ここで日本語に存在するすべての母音を「大きさ」順に並べてみましょう。これには個人差が出てくるかもしれません。しかし、例えば /o/ と /i/ を比べてみて、どちらの方が「大きい母音」と感じられるか、浮かんでくるイメージを比較してみてください。/o/ と /e/ や、/o/ と /u/ を比較してみるとどうでしょう。結果は、だいたい次のようになると思います。

$$/a, o/ > /e/ > /u/ > /i/$$

　いかがでしょうか？　/a/ と /o/ の順番や /u/ と /i/ の順番は、なかなかはっきりとは決着が付けられないこともあります。それでも、/a, o/ が大きくて、/e/ が真ん中で、/u, i/ が小さく、その中でも特に /i/ が小さいという感覚は、多くの日本人が共通して持つものです。

コラム 3-2　簡単な実験をしてみよう

　英語には母音が10個以上ありますが、この母音の大部分を大きさのイメージ順に並べてもらった実験もあります。この実験に参加した人は大変だったことでしょう。

　とはいえ音象徴の実験は、他の音声学や心理学の実験に比べて、比較的簡単にできます。ここまで読んでくださったみなさんは音象徴についてかなり詳しくなってしまったので実験参加者にはなれませんが、周りにいる友達に、「『アパ＝ /apa/』と『オポ＝ /opo/』という架空の動物では、どちらが大きいと思う？」と聞いてみれ

ば、これは音象徴の実験の始まりです。何個かそういう語のペアを作って、実験参加者を十分に集めれば、それで立派な実験になります。日本人が日本語の5つの母音に対して持つ大きさのイメージが、本当に第3.6節で述べたような順番で並ぶのか、もっと厳密に調べてみることも大事な研究課題です。もちろん個人差もあるでしょうが、性差や年齢、方言などの要因も考慮に入れて調べてみれば、面白いことが分かってくるかもしれません。「母音の大きさのイメージ」というのは音象徴研究の基礎的な課題の1つですが、私自身「日本語でも、もっとじっくり吟味する必要がある」と感じています。興味があるみなさんも、ぜひ挑戦してみてください。

3.7 母音の発音の仕方

　では、母音の大きさの並びをもとにして、「母音の発音の仕方が大きさのイメージにつながっている」という仮説をもう少し深く検証してみましょう。もし今、棒の

付いたキャンディーが手元にある人は（普通はないと思いますが！）、そのキャンディーを舌にのせてから読み進めてください。丸いキャンディーだと動いてしまうので、平べったいキャンディー、あるいはポッキーなどがオススメです。手元にない人は、【参考動画】がありますので、それを見て頂いても構いませんし、キャンディーを買いに行っても構いません。キャンディーを舌の上にのせた人は、（当たり前ですが）棒が口の外に出ていると思います。その棒が自分の目で見えるようにキャンディーの位置を調整して下さい。

　それでは、その状態のままで「あ、い、あ、い、あ、い」と発音してみましょう。「あ」と発音する時は口腔が大きく開いて、キャンディーの棒が下がりますね。逆に「い」と発音する時は、キャンディーの棒が上がって、口腔が狭くなることが分かります。では次に、「あ、え、い、あ、え、い」と発音してみましょう。「え」を発音する時の棒の位置は「あ」と「い」の中間にあることが感じられましたか？　分からなかった人は、何度か繰り返してみましょう。きっと分かると思います。このように、「あ」は口腔が最も大きく開いて、「え」は中間くらい、

「い」は最も閉じた状態で発音されます。キャンディーの棒の高さで言うと「あ」は一番低くて、「え」は中間で、「い」が一番高くなります。「あ、お、う」で同じことを試すと、キャンディーの棒は「あ」は一番低くて、「お」は中間で、「う」が一番高くなると思います。ですから音声学では、「あ」を「低母音」、「え、お」を「中母音」、「い、う」を「高母音」と呼びます。

　それでは、キャンディーがある人は（ない人も！）そのまま続けて、「え、お、え、お、え、お」と発音してみましょう。「え」と「お」では、「お」で棒が後ろに引っ込むのが分かったでしょうか？　これはつまり、舌が後ろに下がっているということです。同じように「う、い、う、い」とやると、「う」で舌が後ろに下がります。キャンディーを入れている人は「う、い、う、い」の時は上顎にキャンディーがぶつかってしまうかもしれませんが、どこにぶつかっているかを感じることで、舌の前後の違いが感じられると思います。音声学では、「え、い」のような母音を「前舌母音（ぜんぜつぼいん）」、「あ、お、う」のような母音を「後舌母音（こうぜつぼいん）」と呼びます。このように、母音は舌の「高低」と「前後」で区別することができます。

また、「お」と「う」を発音する時に唇が前に丸まり、「い」と「え」を発音する時には、唇が横に広がるのを感じた人もいるかも知れません。この唇の丸まりも母音の発音の大事な要素です。なぜ「お」と「う」で唇が丸まるのかは、コラム 3-9 で解説します。

　これらの舌の位置の違いや唇の丸まりがピンとこない人は、第 3.8 節で MRI を使った実際の発音の画像をお見せしますので、安心してください。

　まとめましょう。日本語の母音を発音する際の舌の位置を簡略化して示すと、表 3-1 のようになります。

表 3-1：日本語の母音を発音する際の舌の位置

	前 ⟵⟶ 後	
高 ↕ 中 ↕ 低	い え あ	う お

表3-1をもとに、第3.6節で確認した大きさのイメージを分析してみると「舌の位置が高くなればなるほど、その母音のイメージは小さくなり、低くなればなるほど、その母音のイメージは大きくなる」「舌が前に出るとイメージが小さくなり、後ろに下がるとイメージが大きくなる」となります。なぜ「舌の高さ」に「大きさのイメージ」が関わっているのかは、もう分かった人もいるかもしれません。舌の位置が低ければ口腔は大きく開き、その開き方が「大きい」イメージにつながっているのです。では、舌の位置の前後はなぜ大きさのイメージに影響するのでしょうか？ この答えには母音の音響が関係するので、ちょっと後でお話しすることにします。音響の話に入る前に、もう少し母音の調音を観察して、母音の理解を深めていきましょう。

魅力的な母音

　第2.2節で紹介したパーフォースによる「魅力的な名前の実験」の結果には、実は母音も影響していました。

第2.2節では子音の影響に限って説明しましたが、実は母音の影響も観察されていて、しかも子音よりも強くその影響が出ているのです。男性であれば、舌が前に出る母音（つまり /i/ や /e/）が、女性であれば舌が後ろに下がる母音（つまり /a, o, u/）が魅力的であると判断されました。この母音の魅力度に対する影響は、英語でしかまだ研究がなされていませんが、日本語でも当てはまるでしょうか？

　もし当てはまるとすれば、「やよい（Yayoi）」ちゃんと「さつき（Satsuki）」ちゃんは同等の魅力を持っていることになります。練習も兼ねて、これらの名前の後舌母音の数（勝ち）と前舌母音の数（負け）を数えてみましょう。そうすると、どちらの名前も2勝1敗になりますね。「しげと（Shigeto）」は、「やよい（Yayoi）」や「さつき（Satsuki）」と一緒で、2勝1敗です（念のため、私は男なので、前舌母音が「勝ち」ですよ）。妻の「ともこ（Tomoko）」は、母音がすべて /o/ なので、全勝です。みなさんも、自分や周りの人の名前を勝負させてみましょう。あなたは魅力的な母音を持っているでしょうか？　周りの人はどうでしょう？　繰り返しにな

りますが、この勝敗が実際の名前の優劣に結び付くわけではありません。あくまで音声学を学ぶためのネタにとどめておきましょうね。

コラム 3-4 日本語の顔文字を作った天才

これは私がアメリカで教鞭をとっていた頃の話です。ある時日本文化が恋しくなってしまい、インターネット上をうろついていたところ、次のような顔文字を発見しました。

お(￣っ￣)や(￣◇￣)す(￣。￣)みぃ(￣ー￣)ノﾞ
　　↑　　　　↑　　　　↑　　　　　↑
　　/o/　　　/a/　　　/u/　　　　 /i/

私はこれを見てびっくり仰天しました。それぞれの顔文字の口の形が、それぞれの母音の調音をきれいに表していたからです。口の形が表しているのは、その文字の

母音部分ですから、「お」はそのまま /o/ ですが、「や」は /a/、「す」は /u/、「み」は /i/ です。このことを踏まえて、顔文字の口の形を考えてみると、口の開き方を表すのに使われている記号が、母音の調音の仕方とぴったり合っています。まず、大きさから考えると、/a/ が一番大きくて、その次に /o/、そして /u/ となります。しかも、/o/ と /u/ を発音する時には、唇が少し丸まりますが、それも丸い記号を使うことで、しっかり表してあります。さらに、笑顔の母音である /i/ の口の動きも、口角が上がっている様子を含めて横線で見事に表現されています。この顔文字を作った人は、するどい音声学的感覚を持っていたのでしょう。

　おそらく、他にも音声学的感覚を生かした色々な顔文字がインターネット上には転がっているはずです。私が見つけたもう1つの例は以下の「おっはー」です。

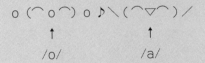

/o/ の唇の丸まりと、/a/ の口の開き方が、素晴らしく明確に表されていますね。みなさんも、このような顔文字の例を見つけて、本章で学んだ「母音の調音」という観点から分析してみてください。

動詞と形容詞の語幹

またちょっと音象徴から離れますが、せっかく母音を発音する際の舌の「高低」と「前後」の区別を学んだので、「なぜこのような区別が必要なのか」少し説明させてください。早く音象徴に戻りたい人は、このコラムは飛ばしても構いません。

日本語の動詞の語幹には、子音で終わるものと母音で終わるものがあります。前者は「噛む」のようなもので、活用させてみると /kam-anai/、/kam-imasu/、/kam-u/、/kam-eba/、/kam-oo/ となります。学校では「五段活用」と習ったかもしれません。活用形の全体を見ると、語幹の後ろの母音が「あ、い、う、え、お」

と変化するので「五段活用」と呼ばれます。五段活用の「噛む」では、すべての活用形に共通する部分は /kam/ で、子音の /m/ で終わっています。

しかし、語幹が母音で終わるような動詞も存在します。例えば「食べる」などがそうです。活用させると /tabe-nai/、/tabe-masu/、/tabe-ru/、/tabe-reba/、/tabe-yoo/ というように、/tabe/ がすべての活用形で共通していて、母音の /e/ で終わっています。いわゆる「下一段活用」です。もう1つ母音で終わる活用形を教わったと思うのですが、覚えていますか? それは「飽きる」のような「上一段活用」で、/aki-nai/、/aki-masu/、/aki-ru/、/aki-reba/、/aki-yoo/ などです。この動詞の語幹は母音の /i/ で終わっています。さてここで不思議なのは、母音で終わる動詞の語幹は /i, e/ といった前舌母音で終わり、/a, o, u/ といった後舌母音で終わるものは存在しないということです。

では形容詞の語幹はどうなっているでしょうか? 形容詞の例をあげてみると、/aka-i/、/ao-i/、/samu-i/ などで、/a, o, u/ のような後舌母音で語幹が終わっています。動詞の語幹は前舌母音で終わり、形容詞の語幹

は後舌母音で終わるのです。「舌の前後の区別」が「動詞と形容詞の区別」にも現れているというのは、驚きではありませんか？

3.8 MRIで母音を見てみよう

　さて、先ほどのキャンディーを用いた実験では、実際に母音を発音して、それぞれの母音の調音が体感できたと思いますが、母音の調音をもっと客観的に見る方法があります。第2.5節でも触れましたが、病院でよく使われるMRIを用いる方法です。MRIは口の断面がきれいに写せるので、音声学の分析でも使われます。図3-3は、日本語の「あ、い、う、え、お」を発音している様子を写したMRI画像です。「あ」では口腔が大きく開いているのが分かりますか？「い」や「う」では舌が盛りあがって、口腔の開きはとても小さくなっています。「え、お」では舌の盛りあがり方が、その中間に位置するのが分かるでしょう。

図 3-3：日本語の母音「あ、い、う、え、お」発音の様子を写した MRI 画像

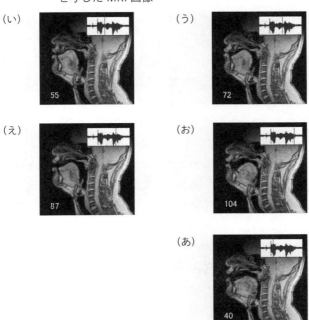

『国際交流基金日本語教授法シリーズ第 2 巻「音声を教える」』の付属 CD-ROM より転載。右上に表示されているのは波形。波形は図 2-8 の説明を参照

また「え」と「お」を比べると、「え」では口腔の前の部分で舌が盛りあがっており、「お」では口腔の後ろの方で舌の盛りあがりが見られます。「い」「う」だと盛りあがりの前後の違いがそこまではっきり見えるわけではないのですが、じっくり見てみると、やはり「い」の方が「う」より少しだけ前にあります（日本語の「う」の音は英語の /u/ に比べて舌があまり後ろに動かないので、日本語の「う」の音は「後舌母音でなく、中舌母音」だとする人もいます）。第3.7節のキャンディーを使った練習で分かった人も、ちょっとピンとこなかった人も、このようにMRIの客観的な画像を見ると理解が深まるでしょう。

コラム 3-6　MRIで音声を分析する

　第3.8節の説明では、MRIで音声の調音運動を記録することが、なんだか簡単そうに聞こえてしまったかもしれません。しかし、MRIを使った実験は、実際には大変です。まず、MRIはとても高価な医療用機器なの

で、言語学者が使わせてもらえる機会はなかなかありません。しかも、MRIの機械に入ったことがある人なら分かると思いますが、大抵のMRIは横にならないと入れません。しかし、その状態で発音をしようとすると、重力で舌などが背中の方に引っ張られてしまいます。ですから、MRIの中で「立っている時と同じように」喋るためには訓練が必要になります。また、MRIの機械自体が大きな音を出すので、発音された音を同時に録音するのにも一苦労します。というわけで、MRIを使って音声を分析する手法には難関が多々あるのですが、これだけ直接的に調音運動を観察できる方法は他にはないので、やはり行なうべき実り多い手法と言えます。

英語に関しては、すべての発音の様子を映したMRI動画が閲覧できるサイトがオンラインで開設されています。「英語の発音をMRIで見てみたい！」という人は、ぜひ「SPAN, rtMRI」で検索してみてください。私は、このMRIの動画は英語教育の教材にもぴったりなのでは、と思っています。特に、英語の発音の細かいところに興味がある人にはオススメです。

3.9 母音の音響と音象徴：なぜ前舌母音は「小さい」の？

　さて、音象徴の話に戻りましょう。大きさのイメージには、どうして「舌の高低」だけでなく「舌の前後」も関わるのか考察してみましょう。音象徴のパターンを復習すると、舌が前にくる「い、え」の方が、舌が後ろにくる「う、お」よりも小さく感じられるのでしたね。これは、母音の音響が関わっているためだと思われます。音響というのは、第1.2節で述べた「音が空気の振動としてどのように伝わるか」ということです。この音響を理解するために、まず「声紋」というものについて見てみましょう。

　図3-4は日本語の「あ、い、う、え、お」の「声紋」です。声紋というのは、専門的には「スペクトログラム」と言われるもので、細かい解説をしていると別の本が1冊必要になってしまいます。簡単に説明すると、スペクトログラムとは、「それぞれの音がどの周波数帯に強いエネルギーを持っているかを示すもの」です。スペクトログラムでは縦軸が周波数を表していて、横軸が時間を表し

ています。黒くなっている部分は、その音が強いエネルギーを持っている周波数帯を表しています。その中でも、特に強くなっているエネルギーを「フォルマント」と呼び、スペクトログラムでは黒の横線で示されます。

図3-4：日本語の「あ、い、う、え、お」のスペクトログラム

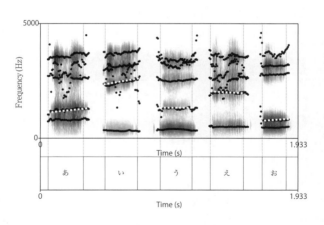

黒い横線がフォルマント。白い点線でなぞってあるのが第2フォルマント

ここで注目したいのが、図3-4で白い点線でなぞってある、それぞれの母音の下から2番目の黒い線です。「い」と「う」を比べてみましょう。「い」の方が高い周波数を持っているのが分かりますか？　「え」と「お」を比べてみましょう。「え」の方が高い周波数を持っていますね。この下から2番目の黒線ですが、専門用語では「第2フォルマント」と言います。「第2フォルマント」は、音声の知覚に非常に大きな影響を与えるとても大事な音響要素です。

　さてここで、「音源の物体としての大きさとその音の高さ」の関係を考えてみましょう。楽器で考えると分かりやすいと思いますが、大きな楽器ほど低い音を出しますよね。小さい楽器は逆に高い音を出します。チェロとビオラとバイオリンの音の違いを思い浮かべてみましょう。「低い音＝大きい」「高い音＝小さい」というつながりが成り立っています。

　このつながりを考慮に入れて、先ほどのスペクトログラムに戻ってみましょう。「い、え」は「う、お」に比べて「高い第2フォルマント」を持っています。よって、「い、え」には「高い音＝小さい」というつながりから「小

さい」イメージが生まれます。逆に「う、お」は「低い第2フォルマント」を持っているため「低い音＝大きい」というつながりから、「大きい」イメージが生まれます。この説を提唱したのは第3.4節でも登場したジョン・オハラです。

ここまで話してきたことをまとめてみると、調音的な「口腔の開き方」と音響的な「第2フォルマントの高さ」の両方が、母音の大きさのイメージに影響していると言えます。では、なぜ「い、え」は高い第2フォルマントを持ち、「う、お」は低い第2フォルマントを持つのでしょうか？　音声学入門の授業では「そういうパターンだから覚えなさい」と言われることも多いようですが、本章の最後の節では、しっかりと「なぜそうなるのか」を解説していきます。

コラム 3-7　歯ブラシで第2フォルマントを聞く

なんとなく分かったような分からないような第2フォルマントですが、実際に聞いてみることができます。

やり方は簡単。今晩歯を磨く時に、色々な母音を発声する時の口の形をしてみてください【参考動画あり】。そこで聞こえてくる音が第2フォルマントです。「い」と「お」でやってみると、かなりはっきりと違いが分かると思います。なぜこうすると第2フォルマントが聞けるのか気になる人は、第3.10節に挑戦してください。ちなみに、この話を授業で扱ったら、次の授業の時に、日本語の色々な母音を駆使して歯磨きで曲を演奏するという強者の学生が出てきました。みなさんも歯ブラシ1本で第2フォルマントを響かせながら演奏してみてはいかがでしょうか？

疑問文はなぜ上昇調？

みなさん、英語を習い始めた頃、「疑問文を読む時には語尾を上げましょう」と教わりませんでしたか？「Is this a pen ?」という文を読む時、最後の pen の部分でイントネーションを上げるのでしたね。このようなイ

ントネーションでは文末で音が高くなっています。この「疑問文＝高い音」というつながりは、日本語を含め、かなり多くの言語で観察されるそうです。ただし、例外もあります。英語で wh- 疑問文の時は、文末を上げる必要はありません。

この「疑問文＝高い音」という関係を「小さい＝高い音」の相関から説明しようとする学者もいます。「疑問文」というのは「相手から情報を求めている」わけですから、尋ねる方は「立場的に低い」ということになります。しかも、「May I borrow your pen?」のように、文の形としては疑問形であっても、実際には相手にものを頼んでいることも多いわけです。ですから、疑問文を使う時はへりくだらなければならない、へりくだるには自分を小さく見せるのが一番、ということになります。自分を小さく見せるには、「小さい＝高い」という音象徴を用い、高い音を使えば良いわけですね。

また、赤ちゃんに話しかける時に「赤ちゃんことば」を使う人もいると思いますが、実際に育て手が赤ちゃんに話しかける時には、大人に話しかける時よりも高い声になることが分かっています。この現象は、フランス語・

イタリア語・英語・ドイツ語など多くの言語で確認されています。大人たちは赤ちゃんに対して高い声を出すことで、「自分は小さいよ、怖くないよ」と無意識にメッセージを送っているのかもしれません。

3.10 第2フォルマントは割り算だけで計算できる

　さて、母音の音響についてもう少し深く見ていきましょう。スペクトログラムの解説をしていると、もう1冊別の本が書けてしまうと言いましたが、第2フォルマントの計算だけでしたら、ここでもなんとか紹介できます。ただ、数式も出てきますから、嫌になったら飛ばしてください。と言っても、出てくる計算は「割り算」だけです。ここを理解できると音響音声学の肝を1つ押さえることになりますので、数学が苦手なみなさんも、ぜひ挑戦してみてください。

　まず、フォルマントというのは、ある管の中で強めら

れる（＝共鳴する、鳴る）音の高さです。この共鳴する音の高さは f (frequency; 周波数) で表します。この f を求めるには次の式を使います。

$$f \times \overset{\text{ラムダ}}{\lambda} = c$$
f ＝周波数、 λ ＝波長、 c ＝速度

　それほど難しい式ではありませんので、もうちょっと頑張って聞いてください。周波数というのは「波が1秒間に何回繰り返すか」ということです。私たちの耳はこの周波数が高ければ高いほど、「高い音」として知覚します。

　この周波数は、みなさんが「1秒に何歩進むのか」と同じ概念です。具体的に考えてみましょう。「太郎くんは、1秒に5歩進みます。太郎くんの歩幅は20cmです。太郎くんは1秒に何cm進みますか？」答えは「5 × 20cm = 100cm/s」ですね。これを少し抽象的に表現したのが前の式（$f \times \lambda = c$）です。λ ＝波長とは、波の長さで、先ほどの例えで言えば、太郎くんの歩幅です。では、歩幅 λ の太郎くんが1秒間に f 回歩いたら、1秒間にどれ

だけ進みますか？ $f \times \lambda$ですよね？ 太郎くんの歩く速さはcなので、$f \times \lambda = c$ が成り立ちます。図3-5にこの式の成り立ちをビジュアル化してみました。

図3-5：$f \times \lambda = c$

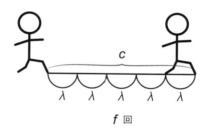

f = 周波数、λ = 波長、c = 速度

ではこの式を変形しましょう。fを求めたいわけですから、両辺をλで割ります。

$$f = \frac{c}{\lambda}$$

空気中の音の速さcは、温度によって多少変化します

が、だいたい秒速 35,000 cm/s（=350m/s）程度と分かっています（聞いたことがある人もいるかもしれませんが、この単位は「マッハ」と呼ばれることもあります）。ですから、あとは λ を求めれば良いのですが、λ を求めるためにはどうしたら良いのでしょうか？ この疑問に答えるために、第 3.8 節で見た MRI の画像をもう一度見てみましょう。

図 3-6:「え」の舌の前で作られる空間

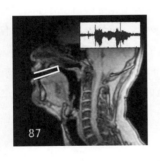 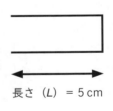

(a) MRI の画像　　　　　(b) 簡略化した図

もうちょっと頑張りましょう。第 2 フォルマントとい

うのは、舌の前の空間で鳴る(共鳴する)音です。図3-6(a)のMRIの「え」の調音を見てみると、舌が盛りあがっていて、その前に空間ができているのが分かります。図3-6 (a) で、白い枠で囲んである空間です。この空間を簡略化したのが図3-6 (b) です。

 ここの空間で共鳴するのが第2フォルマントで、コラム3-7で触れましたが、歯磨きをすると主にこの空間での響きを聞けます。そして、λはこの空間の長さLの4倍になります。なぜ$\lambda = 4L$という式が成り立つのかは、三角関数の復習が必要なので、その解説は本書では断念します。ここで大事なのは、第2フォルマントに関して問題になるのは、図3-6 (b) の⟷で示した空間の「長さ」であって、「広さ」でにないということです。「え」の舌の前の空間の長さをだいたい5cmとしましょう。これをもとに計算すると:

$$f = c / \lambda = 35{,}000 / (4 \times 5) = 1{,}750 \text{ (Hz)}$$

というわけで、1,750 Hzになります。ここでは、図3-6 (b) の空間の長さを簡略化して5cmとしましたが、

もちろんこの値は人によって異なります。ですから、実際に「え」の第2フォルマントを測ったら、多少違う値が出てくるでしょう。しかし、この数字は近似としては十分な値です。

では次に、「お」の場合を見てみましょう。

図 3-7：「お」の舌の前で作られる空間

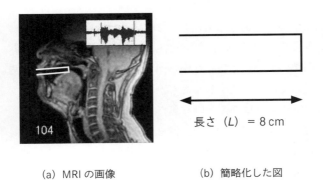

(a) MRI の画像　　　　　(b) 簡略化した図

「お」の時には舌が全体的に後ろに下がるので、舌の前にある空間が「え」に比べて長くなっているのが分かりますか？（図 3-7(a)）　しかも「お」を発音すると唇が丸

まります。コラム 3-4 で紹介した顔文字にもその唇の丸まりが表現されていましたが、その丸まりのおかげで、この空間はさらに長くなります。この空間の長さを 8 ㎝とすると、$\lambda = 4L$ ですから、$f = c / \lambda$ の式に λ の値を代入して：

$$f = c / \lambda = 35,000 / (4 \times 8) = 1,094 \text{ (Hz)}$$

が得られます。よって「お」の音は、「え」の音よりも f の値が小さい＝音が低いことが求められます。三角関数の部分を省略したからかもしれませんが、そこまで難しくはない気がしませんか？　このように、フォルマントの計算はなんと割り算だけでできてしまうのです！もちろん、ここで示した計算は簡略化したものですから、正確な数値が知りたい人やもっと勉強したい人は、ぜひ拙著の『ビジュアル音声学』をご参照ください。

コラム 3-9 「う、お」では唇が丸まるのはなぜ？

　これまでの話が理解できた人はなぜ「い、え」では口角が上がり、「う、お」では唇が丸まるのかも理解できるはずです。繰り返しになりますが、第2フォルマントは、舌の前の空間で共鳴する音です。ですから、舌が前に出る母音（=「い、え」）では、この空間は短くなります（図3-8(a)上）。そして口角を上げることにより、この空間はさらに短くなります（図3-8 (b) 上）。一方、舌が後ろに下がる母音（=「う、お」）では、この空間はもともと長いのです（図3-8 (a) 下）。そして唇を丸めることにより、その空間はさらに長くなります（図3-8 (b) 下）。つまり、唇は「もともと短い空間はより短く」「もともと長い空間はより長く」なるように動いているのです。そして結果として、「い、え」と「う、お」の第2フォルマントの差が強調されるのです。第2フォルマントの差が広がると、これらの母音を聞き間違える可能性は減りますよね？　ですから、コミュニケーションの観点から考えると、母音を発音する時の唇の動きはとても理にかなっているのです。

図 3-5：唇の動きが舌の前の空間の長さに与える影響

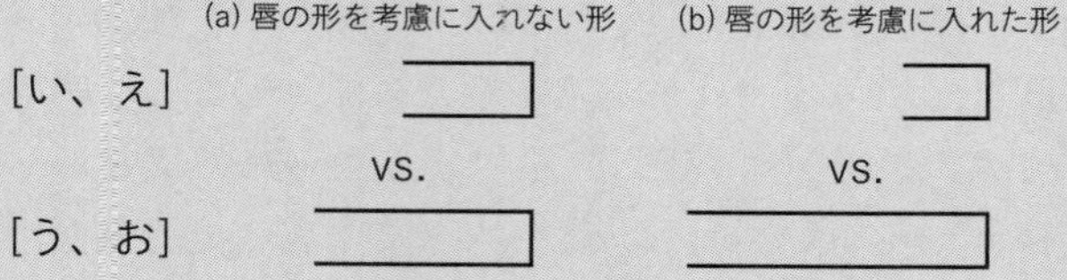

(a) 唇の形を考慮に入れない形　　(b) 唇の形を考慮に入れた形

[い、え]

vs.　　　　　　　　vs.

[う、お]

短い空間はより短く、長い空間はより長くなる。結果として、上下2つの管の長さを比べると、(a) より (b) でより違いが強調されている

「『う、お』では唇が丸まるから、そう覚えておくように」と音声学入門の授業で言われた人もいるかと思いますが、そうなる理由が分かると、ちょっとすっきりしませんか？ 実は私も学部時代にただ「覚えなさい」と言われて納得ができず、大学院時代に「なぜか」を教わって感動した覚えがあります。「理由はともかく覚えろ」という教え方は、その学問の魅力を損なってしまいますよね。

ちなみに、ドイツ語やフランス語では、舌が前に出ているのに唇が丸まって発音される音がありますが、それ

らの音の第2フォルマントは、「い」と「う」や「え」と「お」の中間の高さになります。

3.11 まとめ

　本章では、それぞれの母音の「大きさのイメージ」について話を進めてきました。もちろん、「母音にはそれぞれ色々な大きさのイメージがある」ということ自体も面白いことですが、本章での私の狙いは、この「大きさのイメージ」をもとに、母音の調音の仕方や音響を紹介することにありました。まとめると、「大きい母音」とは「口腔が大きく開く母音」でした。これはMRIの画像でも確認しました。また「低い第2フォルマントを持つ母音」も「大きい母音」と判断されるということも確認しました。舌が後ろに下がる母音は、舌の前の空間が長くなり、結果として、そこで共鳴する第2フォルマントが低くなります。その結果、「大きい」と感じられるのでしたね。ちょっと難しい音響音声学ですが、本章を

読んで「もうちょっと学んでみたい」と思ってくれた人がいたら幸いです。

　ここまで読んできて「なぜ第2フォルマントが大きさのイメージに関係するの？」「第1フォルマントや第3フォルマントはどうやって計算するの？」「第2フォルマント以外のフォルマントの大きさのイメージへの影響は？」という疑問が湧いてきた人がいるかもしれません。そんなみなさんは、もう「かなり」音声学者です（正直、なぜ第2フォルマントだけが音象徴に強い影響を与えるのかは、私自身も非常に気になっているところです！）

　せっかくここまで頑張ったので、最後に1つだけおまけにお話ししましょう。歌声の音声学的な研究によると、歌声だけに現れる「歌声フォルマント」というフォルマントがあるそうです。歌声フォルマントは 2,400 Hz から 3,200 Hz のあたり、つまり第3フォルマントより少し高いところに現れることが多いそうで、この歌声フォルマントがあると、「響きのある声」になるのだそうです。興味がある人はサポートページの文献案内にあるスンドベリの書籍に挑戦してみるのもよいかもしれません。日本語訳でも読めます。多少専門的で難しいところもあり

ますが、本書で音声学の基礎知識を身に付ければ、少なくとも部分的には理解できると思います。

第 4 章

濁音と向かい合う

さあ、この章では濁音に真剣に向かい合ってみたいと思います。濁点とは単なる「2つの点々」ではありません。日本語の音象徴を語る際に濁音を外すことはできません。では、本書の冒頭で述べた例を具体的に見ていきましょう！

4.1 ガンダムとカンタム

みなさん、本書の冒頭で確認しましたが「ガンダム」という名前には、やはり「大きい」というイメージが伴いますよね。高さの詳細は、カンダムの種類にもよりますが、初期型は実際18 mにもなるそうです。その「ガンダム」から濁点を取ってしまうと「カンタム」になって、『クレヨンしんちゃん』に出てくるちょっとかわいらしいロボットの名前になります（図1-1を覚えていますか？）。「ガンダム」と「カンタム」、どちらが心強い味方かといったら、やはり「ガンダム」ではないでしょうか？

「ゴジラ」についても同じことが言えます。「ゴジラ」

が「コシラ」になってしまったら、なんとも頼りない怪獣になってしまいますね。「コシラ」が現れても、東京や川崎が危機に陥るとはどうしても思えません。でも、どうしてこのように濁音のあるなしで、ここまでイメージが変わってしまうのでしょうか。この謎を探るために、「ゴジラ」の語源の分析から始めてみましょう。

(1)「ゴジラ」 = 「ゴ~~サラ~~」 + 「~~ク~~ジラ」

(1) の式で表したように、「ゴジラ」は「ゴリラ」の「ゴ」と「クジラ」の「ジラ」をくっつけたものです。でも、この命名法なら、以下のようなパターンでも良かったはずです。

(2)「ク~~ジラ~~」 + 「~~ゴ~~リラ」 = 「クリラ」

(2) の左辺は、(1) の右辺の「ゴリラ」と「クジラ」の位置をひっくり返しただけで、結果は「クリラ」となります。しかし、あの怪獣が「クリラ」というのはありえません。もし「クリラ」だったら、「ちゃん」を付けて

「クリラちゃん」と呼びたくなってしまいます。『アルプスの少女ハイジ』の「クララちゃん」に引っ張られている可能性はありますが、どちらにせよ、女の子の名前っぽくなってしまいますよね。やはり、あの大怪獣の名前には濁点が必要だと思われます。

　このような例は、他にもたくさんあります。「ゴジラ」シリーズに出てくる「キングギドラ」が「キンクキトラ」だったら？　もっと身近な「ドラゴン」が「トラコン」だったら？　国民的RPGである「ドラゴンクエスト」シリーズの呪文に「ベギラゴン」というのが出てきますが、実際のゲームを知らない人にも、強そうな呪文に聞こえませんか？　あれが「ヘキラコン」だったら？　また、映画の『バック・トゥ・ザ・フューチャー』には、大きな電力の単位として「ジゴワット」というものが出てきます。この単位「ジゴ」は、実際には存在しない架空の単位ですが、タイムマシンでタイムスリップするためには1.21ジゴワットが必要らしいです。「大きな電力」を意味するのにも、「ジゴ」は「シコ」よりふさわしい感じがします。また「ファイナルファンタジー」シリーズの中には「エクスカリバー」という強い剣が出てきます

が、「エクスカリパー」という偽物の弱い剣も存在します。これもやはり「濁音」には「強い」というイメージがあり、その濁点を半濁点にしてしまうと「弱く」なることを示す良い例です。

また日本語の擬態語・擬声語の中には、例えば「コロコロ」と「ゴロゴロ」のように、濁点のあるなしによって意味が変わるペアがあります。「コロコロ」だと小さい石が静かに転がっている感じですが、「ゴロゴロ」というと大きな石が重々しい音を立てて転がっている感じがしますね。また、「トントン」と扉を叩いている音と「ドンドン」と扉を叩いている音では、どちらの方が大きい音でしょうか？ さらに、「プルプル」というと小さく震えている感じですが、「ブルブル」というと大きく震えている印象を与えます。「ポタポタ」落ちる水と「ボタボタ」落ちる水にも、似たような印象の違いがあるのではないでしょうか？

これらの例が示す通り、「濁音＝大きい、重い、強い」というつながりは日本語では定着していると思われます。では、このような濁音のイメージはどこから来ているのでしょうか？ 本章では、濁音の調音と音響を分析

しながら、この謎を探ってみたいと思います。

4.2 「きゃりーぱみゅぱみゅ」と「浜田ばみゅばみゅ」：名前の中の濁音

濁音の調音の解説に入る前に、濁音の意味について、もう少し考えてみましょう。実は、「ガンダム」と「カンタム」の例は、拙著『音とことばのふしぎな世界』の中でも触れたのですが、その入稿直後に面白い例を発見しました。「きゃりーぱみゅぱみゅ」と「浜田ばみゅばみゅ」です。

「きゃりーぱみゅぱみゅ」と「浜田ばみゅばみゅ」

(a) きゃりーぱみゅぱみゅ　　　(b) 浜田ばみゅばみゅ

※外部リンクのため、予告なくリンク先ページがなくなる場合があります。

この2人を知っている人も知らない人も、どちらが「小さくて」「可憐で」「かわいい」かは名前を聞いただけで判断がつくのではないでしょうか？　答えは、言わずもがな、「きゃりーぱみゅぱみゅ」です。

　日本人の名前の濁音に注目してみると、男性名には「慎吾（しんご）」「健吾（けんご）」「繁人（しげと）」「大介（だいすけ）」「DAIGO」「承太郎（じょうたろう）」などなど濁音がたくさん出てきます。1970年代に活躍した男性アイドル「新御三家」は、「郷（ごう）ひろみ」「西城秀樹（さいじょうひでき）」「野口五郎（のぐちごろう）」の3人で、全員の名前に濁音が入っていますね。一方、日本人の女性名には濁音があまり出てきません。特に語頭に濁音が来る女性の名前というのはほとんどなく、例外は「じゅんこ」くらいです。少し昔は「吟子（ぎんこ）」という名前が流行ったそうですが、この例を含めても、例外はあまり多くありません。『阪急電車－片道15分の奇跡』という映画の中には、名字が「権田原（ごんだわら）」であることにコンプレックスを持っている女子大生が出てきますが、語頭に濁音があり、さらに語中にもう1つ濁音がある「権田原」は、彼女にとっては魅力的な名字でなかったのでしょう。かつて私の音象徴の講演に来てくれたブランドネームコンサルタントも、「大型の

トラックの命名には意識的に濁音を用いた」と言っていましたが、名前に含まれる濁音は「強い（＝かわいらしくない）」というイメージを持つのです。

ちなみに、英語やスペイン語でGabriel（ガブリエル）というのは女性の名前ですが、濁音が2つも含まれているので、私自身は、勝手に男性の名前だと思っていた時期がありました（実際に、男性のGabrielもいますが）。英語だとJane（ジェーン）だとかBecky（ベッキー）、Diana（ダイアナ）のように濁音で始まる女性の名前がいっぱいあるように思われるかもしれませんが、統計的に分析すると、やはり男性の名前の方が女性の名前よりも濁音を含む確率が高いことが分かっています。

第3.9節の話に戻りますが、「きゃりーぱみゅぱみゅ」という名前には、拗音（ここでは、ゃ、ゅ）が多用されていて、長い /ii/ も入っていますよね。これらの音はすべて、第2フォルマントが高く、小ささを喚起する音です。「きゃりーぱみゅぱみゅ」は自分に「かわいい」名前を付けるために無意識的に音象徴を駆使したのかもしれません。

4.3 悪者は濁音？ 悪者から濁点を取って遊ぼう！

　では、濁音は「強い」というイメージだけを持つのでしょうか？　私には、濁音が悪役の名前に使われることが多いという印象があったので、実際に調査してみたところ、その通りであることが分かりました。私の授業で「ガンダム」や「ゴジラ」の話をした後、「では、濁音が名前に入っている悪役の例をあげてください」と言うと、学生たちは難なく「ジャイアン」「ジャイ子」「ばいきんまん」「ドキンちゃん」など濁音の入った名前を次々とあげることができます。

　この「濁音 = 悪役」というつながりは、「ウルトラマン」シリーズでも有効です。娘とおもちゃ屋さんに行った時に気付いたのですが、「ウルトラマン」シリーズの最初の6話に出てくる怪獣名にはすべてに濁音が入っていました。1：ベムラー、2：バルタン星人、3：ネロンガ、4：ラゴン、5：グリーンモンス、6：ゲスラ。7話は残念ながら「アントラー」で濁音が入っていませんが、その後も8：レッドキング、チャンドラーなど、9：ガボラ、

10：ジラース、11：ギャンゴ、12：ドドンゴと続きます。最初の12話中、1話を除いてすべてのエピソードで名前に濁音が入った怪獣が出てくるのです。15話の怪獣に至っては「ガヴァドン」、濁音だらけの名前です。「これは面白い！」と思って「ウルトラマン」シリーズの怪獣の名前に出てくる濁音の分布を体系的に調べてみました。対象にしたのは『ウルトラマン』『ウルトラセブン』『帰ってきたウルトラマン』『ウルトラマンA（エース）』『ウルトラマンタロウ』です。表4-1は、怪獣名のうち濁音が入っている名前の割合を示したものです。明治安田生命の赤ちゃんの名前に関する調査（2016年）では、濁音の入っている名前は、男の子では6％、女の子では4％でしたから、人間の名前と怪獣の名前では、濁音の多さに

表4-1：「ウルトラマン」シリーズにおける濁音を含む怪獣名と濁音を含まない怪獣名

	ウルトラマン	セブン	帰ってきた	エース	タロウ
濁音あり	33 (73%)	36 (56%)	46 (70%)	40 (59%)	33 (55%)
濁音なし	12	28	20	28	27
計	45	64	66	68	60

相当の違いがありますね。

表4-2は、怪獣名に使われている全子音中に濁音が現れる確率を示しています。どのシリーズでも怪獣の名前に出てくる子音のうち、大体30〜40%くらいが濁音です。明治安田生命の調査では、赤ちゃんの名前に使われる子音中の濁音の確率は2〜3%ですから、やはり怪獣名には濁音が多いことが分かります。「ウルトラマン」シリーズでは怪獣らしさを出すために、名前に濁音をわざわざ使っていると言っても過言ではないでしょう。

表4-2:「ウルトラマン」シリーズの怪獣名に使われている子音中の濁音の割合

	ウルトラマン	セブン	帰ってきた	エース	タロウ
濁音	52 (39%)	48 (29%)	67 (30%)	73 (28%)	52 (25%)
その他の子音	81	118	159	188	154
計	133	166	226	261	206

みなさんは、他にどんな悪役や悪者の名前が思いつきますか？ お気に入りのゲームの悪役の名前を分析してみるのも楽しいでしょう。そして濁音の入った名前のリ

ストができたら、濁点を取って遊んでみましょう。濁点を取ってしまうと、急に弱くなったりかわいくなったり、イメージが変化するので面白いですよ。

実際に濁点を取って遊んでいる人がいた

「悪者の名前から濁点を取って遊ぶ」ゲームを授業中に行なったところ、ある学生が実際に濁点取り遊びをしている人たちがいることを教えてくれました。TRPG(テーブルトーク・ロール・プレイング・ゲーム)という遊びで、SFやファンタジーの世界の英雄になりきって、話をしながら冒険を進めるゲームだそうです。TRPGではゲームのシナリオを作って進行役をつとめる人をGM(ゲームマスター)と呼ぶそうで、悪役の登場人物に名前を付けるのも当然GMの役割です。

以下は、そのTRPGをしている様子を書き起こした本からの抜粋です。このGMは「悪役に濁点を付けると良い」という音象徴を生かして悪役の名前を考えている

ようなのですが、それを他のプレイヤーに見抜かれて、からかわれています。

> GM：(現れたモンスターになりきって)「俺の名前はギーン・グレガス。せめて自分たちを殺す相手の名前ぐらい、教えておいてやろう」と名乗りますよ。
> プレイヤー1：また濁点をいっぱいつけるとカッコイイと思って……
> (一同爆笑！！)
> プレイヤー2：おまえ！(笑)
> プレイヤー3：GMに向かってなんということを！(笑)
> GM：ぬぬ、じゃぁ、「俺の名前はキーン・クレカス……」弱そう！
> 一同：(爆笑)！！
> プレイヤー4：本当だ！ 濁点重要！(笑)いま濁点の重要性を初めて知った(笑)。
>
> (中略)

プレイヤー1:そう言うおまえは、キーン・クレカス!
一同:(爆笑)!!
ギーン(GM):「濁点を取るなと言っているだろう!!」
(一司爆笑!!)
プレイヤー5:アホだ! (笑)
プレイヤー4:(腹を抱えて悶絶している)

(中略)

プレイヤー1:わかってくれ、キーン……
一同:ぶっ! (いよいよ笑いすぎて、みな悶絶し始めている)
プレイヤー5:だ,濁点……濁点つけてあげて!(笑)

『聖剣のクルセイド』(富士見書房)より一部編集して引用(330-331)

実際に、GMが自分で濁点を取って、「俺の名前は『キー

ン・クレカス』……弱そう！」「濁点を取るなと言っているだろう！！」と叫んでいるのが面白いですね。また、音象徴は一般の人には意識的にではなく無意識的に働くようで、プレイヤー4が「濁点重要！（笑）いま濁点の重要性を初めて知った（笑）」と言っているのも興味深いことです。

みなさんも、ぜひ悪役の名前から濁点を取って遊んでみてください。そして面白い例があったら私に教えてください。お気に入りのゲームや漫画などで、正義の味方と悪役の名前を比べて、濁音が現れる確率を統計的に比べてみるのも面白いかもしれません。

4.4 口腔が広がる濁音の調音

濁点の音象徴的な特徴を確認したところで、次に「濁音＝大きい」というつながりを「私たちがどのように濁音を発音するのか」という調音的観点から見ていきましょう。私たちが濁音を発音する時には、簡単に言うと

「口腔が大きく広がって」います。これは単純な空気力学的な問題なので、一緒に考えていきましょう。人間が音声を発する時には必ず空気が流れますから、空気力学の問題は、音声学を学ぶ上で、非常に重要な要素の1つです。

　図4-1①を見てください。これは私たちの顔を横から見た時の、口の中の空間全体を表したものです。声帯の下の空間が「声帯下空間」、上の空間が「口腔」です。

　私たちが濁音を発音するためには、声帯を振動させなければなりません。声帯は、肺から口腔の中に空気を流すことで震わせることができます。濁音が発音される際、空気は声帯下空間（肺）から口腔内に流れ込みますが、同時に、その流れは唇や舌で阻害されます。第2章で触れましたが、このような阻害を伴って発音する音を「阻害音」と呼びます。

「ゴジラ」や「ガンダム」に出てくる /g/ を例にとって、空気の流れを考えてみましょう。「ゴ」を発音しようとする時も「ガ」を発音しようとする時も、図4-1②のように、舌の後ろの部分が盛りあがることで空気の流れがせき止められ、口腔は閉じた空間になります。そして、

図 4-1：濁音の発音時に口腔が膨張するメカニズム

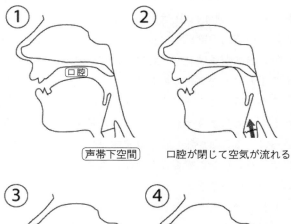
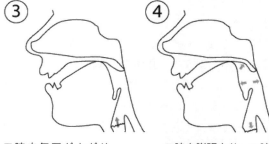

その閉じた空間に、声帯下空間（肺）から来た空気が流れ込みます。図 4-1 ③のように、閉じた口腔に空気が流れ込むと、口腔内気圧は上がります。口腔内気圧というのは「口腔内の壁にかかる力」のことですから、空気中の分子の数が多ければ多いほど、壁にぶつかる分子も増えて圧力は上がります。ところが空気は、気圧の高いところから低いところに流れますから、口腔内空間の気圧が上がってしまうと、その空間に声帯下空間から空気をさらに送ることが難しくなります。風船を膨らます時に、すでにパンパンに膨らんだ風船には空気を吹き込めないのと同じ理屈です。

　濁音を発音しようとしている話者がどのようにこの問題に対応するかというと、口腔を広げるのです。図 4-1 ④に示してあるように、具体的には、喉頭（声帯が入っている器官）を下げたり、口腔の上の壁を持ちあげたりします。これを実際に感じる方法があるので、できれば鏡に向かってやってみましょう。まず自分の喉仏に指を当ててみてください。そうして、「あっっっっっっっっぱ」と発音してみましょう。/p/ の部分を連続して発音するのではなくて、/p/ の部分を長く発音するのです

よ。喉仏は動きましたか？　動かないはずです。次に「あっっっっっっっっっ**ば**」と発音してみましょう。これも同じく /b/ の部分を長く発音します。喉仏が下に下がるのが感じられましたか？　喉仏だけでなく下顎も下がるかもしれません。これは私たちが、濁音を発音する時に口腔を広げようとしている証拠の１つです【参考動画あり】。

　私たちはこのように、色々な調音動作を行なって口腔の体積を増やします。そうすると、結果として口腔内気圧が下がり、空気を送ることが可能になり、声帯振動を持続させ、濁音を発音することができるようになるのです。濁音発音時には、口腔内空間が文字通り「広がる」のです。一方、清音（＝濁音から濁点を取った音）を発音する時には、声帯振動を続ける必要がありませんから、口腔内気圧がいくら上がっても問題になりません。むしろ口腔内気圧を上げてしまえば、声帯の振動は自動的に止まりますから、都合が良いくらいです。というわけで、清音を発音する時には、口腔は広がりません。

　第２、３章でも出てきたＭＲＩを使うと、この口腔の膨張を実際に観察することができます。図 4-2 は口腔の

後部をＭＲＩでイメージ化した図です。(a) が /isi/ と発音した時の /s/ の部分、(b) が /izi/ と発音した時の /z/ の部分です。/z/ を発音する時には、口腔がとても大きく広がっていることが分かります。

図 4-2：MRI イメージングによる /isi/ と /izi/ 発音時の
　　　　口腔後部のイラスト

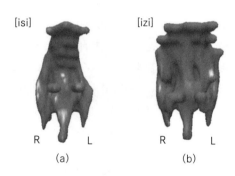

Proctor et al. の論文より。出版社と著者の許可を得て転載。
もとの論文には他の摩擦音のペアも掲載されている

　濁音発音時の口腔の膨張のところで「どうしても分

からない！」と思った人は、先ほどと同様にもう一度、「あっっっっっっっっっっっっっば」と、/b/ の部分を長く発音してみてください。そうすると、ほっぺたが自然に広がっていくと思います【参考動画あり】。それが口腔の膨張です。ほっぺたが限界まで広がると、声帯振動が止まってしまうのが感じられる人もいるかもしれません。

　それでもピンとこない人は自分の口の中を風船と考えてみると良いかもしれません。風船は空気を入れると膨らみます。ただ、風船と違うのは、風船は自然に膨らむのに対して、人間は口腔を自律的にも膨らませているということです。

　最後に、第2章でも見た口腔内気圧の上昇という観点から、「濁音発音中の口腔内空間の広がり」を確認してみましょう。図4-3 (a) のように /apa/ と発音する場合、/p/ の部分を発音している間は、声帯を振動させる必要がないので、口腔内気圧は一気に上がります。それに対して図4-3 (b) のように /aba/ では、口腔内気圧が一気に上がってしまうと /b/ の部分で声帯振動が止まってしまうので、口腔内気圧は徐々にゆっくり上がってい

きます。この口腔内気圧が「ゆっくり」上がる原因となっているのが、口腔内空間の膨張です。

図 4-3：/apa/ と /aba/ の発音時の口腔内気圧の変化

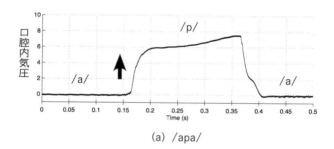

(a) /apa/

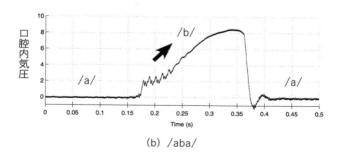

(b) /aba/

コラム 4-2 ボイルの法則

第 4.4 節では簡単に「口腔内の体積が増えると、結果として口腔内気圧が下がる」と述べましたが、なぜこの関係が成り立つのでしょうか。これは、以下に示す「ボイルの法則」に基づきます。

$PV = k$
P = 圧力、V = 体積、k = 定数

高校の化学で「ボイル・シャルルの法則」の一部として教わったかもしれません（シャルルの法則は温度に関わるものなので、ここでは触れません）。「圧力×体積＝一定」なので、体積が増えると圧力は下がるわけです。逆に体積が減れば圧力は上がります。

このボイルの法則は、私たちの呼吸のメカニズムにも関係しています。第 1 章でも簡単に触れましたが、私たちが肺から空気を流す時には、一度肺を膨らませて、息を吸い込みます。ボイルの法則によれば、体積が増えると圧力は下がりますから、肺を膨らませると肺の中の

圧力が下がり、空気が肺の中に入り込んできます。この膨らんだ肺が収縮すると、体積が減りますから、肺の中の圧力は上がります。その結果、今度は空気が肺の外に流れていくのです。このように、私たちはボイルの法則を使って呼吸を行なっています。

　ヨガの先生に教わったのですが、仰向けに寝そべって、ゆっくり呼吸をしながら自分のお腹や肺の膨らみ方やへこみ方を観察すると、この呼吸のメカニズムがよく分かります。息を吸い込む時には肺が膨らんで、同時に肋骨が広がるのが感じられるでしょう。また、この呼吸と発声のメカニズムに関しては、上智大学の荒井隆行先生が分かりやすいデモ動画をインターネット上に公開しているので、参考にしてみてください。リンクはサポートページの文献案内で紹介しています。

　それにしても、高校の化学の時間に学んだボイルの法則が「濁音の発音の方法」や「発声の方法一般」に関わっているとは、なかなか思いませんよね。すでに実感できたと思いますが、音声学には中高で「理系」とされるすべての分野（生物・化学・物理・数学）が関わっています。恥ずかしながら私自身、高校生の時には「文系」科目に

偏り、「文系私立大学」に通って、理系の科目は卒業に必要な単位しか取りませんでした。しかし、大学院生になってから理系学問の必要性を再認識し、学び直しました。学問は意外なところでつながっています。「自分の将来に数学は関係ないから、学ばなくて良いのだ！」などと思っていると、私のように後悔することになるかもしれません。若いうちにはできるだけ、様々な分野を幅広く学んで下さい。

コラム 4-3 /b, d, g/ のどれが一番難しい？

これは音象徴から少し離れる問題ですが、このコラムでは、音声学の世界でよく議論される、濁音に関する有名な問題を2つ紹介しましょう。音象徴の話の続きが気になる人は、これと次のコラムは飛ばしても構いませんが、この2つのコラムの内容は、私が博士論文で真剣に取り組んだもので、個人的には思い入れがあるものです。

では1つ目の問題です。第4.4節で解説した空気力学的な観点から考えると、「/b, d, g/ のどれかが、声帯の振動を持続させることが一番難しい」ということになります。みなさん、どの音だか分かりますか？

ヒント：狭い空間ほど、気圧は上がりやすくなります。UPSID (The UCLA Phonological Segment Inventory Database) という451の言語をもとにしたデータベースがありますが、これはどの言語がどんな音を使っているかを記録したものです。このデータベースで検索すると「/b/ はあるが /g/ はない言語は43個」、また「/g/ はあるが /b/ はない言語は9個」と出てきます。このこともヒントになりそうですが、この結果は、前に説明したような空気力学的観点から導き出せるでしょうか？

2つ目の問題は「なぜ日本語には濁音であり促音である音が存在しないのか」というものです。日本語には子音を長く発音する「促音」、いわゆる「小さい『っ』」がつく音があります。「買った」のような単語では「っ」の後の「た」の子音である /t/ が長く発音されます。しかし、一部の外来語を除いて、「促音であり、かつ濁音

である音」は存在しません。「かっだ」とか「おっぼ」みたいな単語はありませんよね。空気力学的な問題を理解していれば、「なぜ長い濁音が存在しないか」の理由も分かるはずですから、考えてみましょう。この問題も実は、結構有名な音声学の問題で、様々な論文が書かれています。

　ヒント：どんなに膨らむ風船であっても、長い時間空気を送り続ければ、いつかは破裂してしまいます。

　ただし、外来語の一部には「促音であり、かつ濁音である音」を含む単語が存在します。例えば「レッド (red)」などがそうです。ただ、この「促音であり、かつ濁音である音」を音声学的に解析してみると、声帯振動が長続きしていないことが分かります。図 4-4 のスペクトログラムを見ると、「っど (= /dd/)」の途中の部分でエネルギーがなくなって、黒線が消えているのが分かります（濁音の音響の詳細については第 4.6 節を参照して下さい）。これは、声帯振動が途中で止まってしまっていることを示しています。日本人は、促音を発音する長い時間ずっと声帯を振動させているのが大変なので、途中で諦めてしまっているのですね。しかし、すべての言語

において促音の濁音の途中で声帯振動が止まるわけではありません。例えば、アラビア語では促音濁音の発音中ずっと声帯振動が見られます【参考音声あり】。「どれくらい声帯振動を続けるように頑張るか」は言語によって異なる、ということです。日本語では、促音濁音を外来語用につい最近（＝明治時代）使い始めたばかりなので、私たち日本人は「そこまで頑張らない（頑張れない!?)」のかもしれません。

図4-4：外来語「レッド」の発音の波形とスペクトログラム

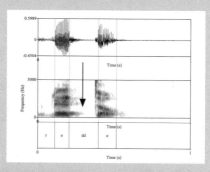

矢印の部分で声帯振動が止まり、エネルギー（黒線）が消えている

コラム 4-4　2つの濁音はご勘弁？ライマンの法則

　第 4.4 節で説明したように、濁音は実際、発音するのが「めんどくさい」音です（ちょっと科学的な厳密性に欠ける言い方ですが！）。声帯を振動させなければいけない一方で、口腔は閉じているので、口腔内気圧はどんどん上がります。ですから、濁音を発音しようとすると、せっせと口腔を広げて、口腔内気圧を調節してあげないといけなくなるのです。というわけで、この「発音がめんどくさい濁音」を使わない言語は、世界各地に結構多く見られます。ハワイ語やエストニア語、ニュージーランドの先住民のマオリ語などが典型的な例ですし、アイヌ語にも濁音はないそうです。また、逆に濁音だけ使って清音を使わない言語は、この世に存在しないと言われています。

　日本語には濁音が使われていますが、実は日本語も「濁音が使われにくい」傾向にあります。昔中国語から借用した「漢語」や最近の「外来語」を除く、もともと日本語に存在した単語を「和語」と呼びますが、和語には「濁

音を2つ含む単語」がほとんど存在しません。「ふた」「ふだ」「ぶた」はすべて存在する和語ですが、「ぶだ」という和語は存在しません。また、日本語では「1つの単語の中に濁音が2つ入ることを嫌う」ことを示すさらなる証拠があります。日本語では、単語と単語をくっつけて複合語にする時、2番目の単語の語頭が濁ることがあります。例えば：

a.「みつ」＋「はち」→「みつばち」
b.「ほし」＋「そら」→「ほしぞら」
c.「大きい」＋「たこ」→「おおだこ」
d.「干し」＋「かき」→「ほしがき」

などで、この現象は「連濁」と呼ばれています。しかし、2番目の単語に元々濁音が含まれている場合には、この連濁は起きません。

a.「とら」＋「ふぐ」→「とらふぐ」（×とらぶぐ）
b.「天ぷら」＋「そば」→「天ぷらそば」（×天ぷらぞば）
c.「おお」＋「とかげ」→「おおとかげ」（×おおどかげ）

d.「たから」+「くじ」→「たからくじ」(×たからぐじ)

　もともと濁音が入っている単語が連濁を起こしてしまうと、単語内に濁音が2回出てきてしまうわけですが、私たち日本人は「めんどくさい」音を単語内で2回も発音するのは避けたがるようです。この法則は、明治政府が日本に招聘したお雇い外国人の1人であるベンジャミン・スミス・ライマンという人が発見したとされており、現在では「ライマンの法則」と呼ばれています。ちなみに、この法則にも例外が数個存在するのですが、みなさん、思いつきますか？　答えは巻末の用語集に書いておきます。

　面白いことに、外来語には濁音が2つ入っている単語がたくさんありますが、中には、私たちが実際に発音すると、濁音が1つになってしまう例が多々あります。以下に実際に観察された例を示します。

a.「ベッド(bed)」→「ベット」
b.「グッド(good)」→「グット」
c.「ドッグ(dog)」→「ドック」

d.「バッグ(bag)」→「バック」
e.「ビッグ(big)」→「ビック」

ご覧の通り、特に促音についている濁点が消えやすいようです。

4.5 /maluma/ vs. /takete/ =/bouba/vs. /kiki/?

さて、ここで第2.1節で述べた、/maluma/ と /takete/ の話に戻りましょう（図2-1）。前世紀の前半、/maluma/ と /takete/ の実験で観察された結果と同じことが、/bouba/ と /kiki/ という音のペアでも起こることを発見した研究者たちがいます。この研修者たちによれば、/bouba/ は「丸っこく」て、/kiki/ は「角ばって」いるというのです。確かに、言われてみればそんな気がしますね。この論文の影響で、ケーラーが発見した音と形のつながりを「maluma-takete 効果」ではな

く「bouba-kiki 効果」と呼ぶ人もいます。ここで、第2.5節の内容を覚えている人は、「おいおい、/b/ は阻害音と言ったじゃないか。阻害音は口腔内気圧が上がるから、角ばった音響を持つのではないのか？」と私に文句を言いたくなったかもしれません。

　しかし、この章でここまで学んだことをよく考えてみると、「なぜ /b/ は阻害音の中でも、あまり角ばっていないのか」が理解できるでしょう。まず、/b, d, g/ のうち、閉鎖している部分の後ろの口腔内空間が一番広い子音はどれか考えてみましょう。ピンとこない人は、第2.5節の図2-4にあるMRIの図を見直してください。/g/ は口腔の後ろの方で閉鎖が起こってしまうので、閉鎖部分の後ろの口腔内空間は狭くなります。それに対して /b/ の場合は、閉鎖が起こるのは唇ですから、閉鎖部分の後ろの口腔内空間が比較的広いということになります。しかも、/b/ の場合は口腔内空間にとても膨らみやすいほっぺたが含まれます。ですから /b/ は「口腔内空間がもとから広い」上に、「口腔がほっぺたという広がりやすい器官も含む」ため、口腔内気圧の上昇があまり起こらずにすむのです。結果として、破裂が非常に弱く、

角ばった感がありません。図4-5のように、/b/ の発音では、はっきりした破裂が見られないことも少なくありません。

図 4-5：破裂を伴わない /b/ のスペクトログラム

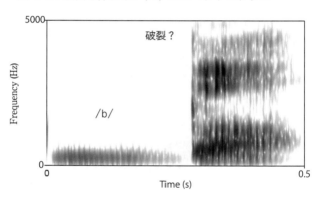

また、/bouba/(ブーバ)を改めて発音してみると、初めの母音は /u/ ですが、これは唇が丸まる母音でした。この唇の丸まりは、前章のコラム 3-4 で見た、(￣。￣)、つまり「す」の顔文字にも表れていましたね。ですから、「/u/ ＝丸っこい」という音象徴を持っていると言えるで

しょう。この母音の影響によって「/bouba/ =丸い」という連想が働いていても、そこまで驚くことではないのです。第2章では「阻害音」とひとくくりにしてしまいましたが、空気力学的に考えると、阻害音の中にも色々あるのだということが分かります。

コラム 4-5 「なんだチミは？」の秘密

これからする話は、音象徴とは全く関係ないのですが、ここまで読んできてくれたみなさんに、志村けんが演じる変なおじさんの「なんだチミは？」の秘密を教えてしまいます。まぁ、秘密といっても、なぜ「『きみ』の『き』が『ち』になるのか」という説明なのですが……。まず、「き」は今まで話してきたように「破裂音（閉鎖音）」です。しかし、日本語の「ち」は /ti/ ではなくて「破擦音」と呼ばれる音です。破擦音とは、口腔を閉鎖して、その閉鎖を解放した後、母音に移行せず、口腔が少ししか開かないために、破裂部分が摩擦になっている音のことです。では、なぜ破裂音の「き」が、志村けんのセリフで

は破擦音の「ち」に変わってしまったのでしょうか？

/k/ は /g/ と同じように口腔の後ろで閉鎖が起きるため、口腔内空間は非常に小さくなります（図2-4のMRI画像参照）。よって、口腔内気圧が簡単に上がってしまい、とても強い破裂を伴います。しかも、「き」の場合、後続する母音が高母音の /i/ ですから、母音に移行しても口の開きはそこまで大きくなりません。よって、強い破裂が乱気流となって摩擦化し、「ち」にとても近い音になるのです。実際に波形やスペクトログラムを見ても、「き」と「ち」はとても似ています。また、どちらの音も次に続く第2フォルマントが非常に高くなります。実際の例を図4-6に示します。

ここで言いたいポイントは、「なんだチミは？」は、音響学的にとても理にかなった音の変化を利用しているということです。「き」と「ち」が音響的にとても似ているので、「キミは」を「チミは」と発音しても通じるわけです。

実は、歴史的に見ても、「き」が「ち」に変わってしまった言語がたくさんあります。スラブ系の言語やアフリカで話されているバンツー諸語、また古期英語から中期英

語にかけても同じような変化が起こっており、この現象に関しては多くの音声学の論文が書かれています。志村けんは冗談でやったことかもしれませんが、実は無意識に、世界中の言語で起こっている音の変化を、彼は体現していたのです。

図 4-6：「き」（左）と「ち」（右）を音響的に比較した波形とスペクトログラム

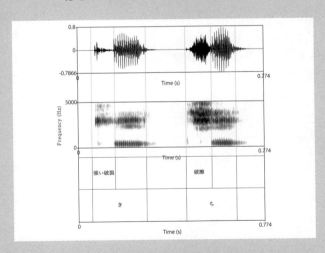

コラム 4-6 Praat(プラート)で自分の発音を分析してみよう

　さて、いよいよ音響に興味が出てきたという人は、ぜひ自分の発音を録音して、音響分析してみましょう。それには Praat というフリーのソフトウェアがなかなかオススメです。録音はもちろん、声の高さの周波数分析からスペクトログラムの図の作成まで、かなり幅広い音響分析が可能です。そして何よりも嬉しいのが、無料で使えるということです。また、Praat 内でスクリプト(作業を自動化するプログラム)を書いて、めんどうな作業を自動化することもできます。本書でも音響分析の図の作成には基本的に Praat を利用していますが、プロの音声学者の間でも広く使われています。また、使い方や設定が分からない場合も、インターネットで検索すれば大抵答えが出てきますし、スクリプトを公開している人もたくさんいます。私も自分のウェブサイトで私が書いた Praat のスクリプトを公開していますし、また、私が Praat の使い方を解説している動画も YouTube で見られますので、興味がある人は参考にしてください。

コラム 4-7　濁音は汚い？

　第4章ではここまで、「濁音＝大きい」というつながりに注目してきました。でも、みなさんの濁音のイメージは、おそらくそれだけではないですよね。言語学者たちの間では、「濁音には汚いというイメージが伴うのではないか」ということがよく議論になります。濁音を含むネガティブな単語は、ちょっと考えてみただけでも、「泥棒、ゴミ、クズ、恥、逃げ、だめ、騙す、ざまぁ、土下座」など、結構出てきます。「ぽちゃぽちゃ」に濁点を付けて「ぼちゃぼちゃ」にすると随分印象が悪くなりますし、「ペタペタ」を「ベタベタ」にすると、やはり印象が悪くなります。また、「しとしと」降っている雨には情緒を感じますが、「じとじと」では憂鬱になってしまいますよね。

　『音とことばのふしぎな世界』を書きあげた後、言語学の大先輩である鈴木孝夫先生に1冊お送りしたところ、先生から電話がかかってきて、この濁音のイメージに関して、面白い例を教えてくださいました。「カニは食ってもガニは食うな」ということわざがあるというの

です。「ガニ」とは「エラの部分」で、濁音が「食べられないもの」を表しているそうです。同じように、「トリは食べてもドリは食べるな」ということわざもあるそうですが、「ドリ」とは「肺」の部分で、これも「食べてはいけないもの」なのだそうです。濁音にはやはり「大きい」というイメージだけでなく、「悪い、汚い」というようなネガティブなイメージもつきまとっているようです。

　また、このイメージは日本人特有のものかというと、そうでもないようです。以前私はこんな実験を行なってみました。「きれいな状態のもの」と「汚れている状態のもの」の写真のペアを提示して「どちらが /zabe/（濁音が含まれている）で、どちらが /sape/（濁音が含まれていない）」か英語話者と中国語話者に聞いたのです（図4-7）。すると、どちらの言語の話者も、「濁音＝汚い」という結びつけをするという結果が出ました。私は最初、日本人が「濁音＝汚い」と思うのは、「濁」という漢字のせい　つまり「濁っている音」なんていかにも汚そうだからと思っていました。しかし、/b, d, g, z/ を「濁音」と呼ばない英語話者も中国語話者も、濁音に「汚さ」

を結びつけるのです。この結果はつまり、「濁音＝汚い」というつながりは日本語の「濁」という漢字によるものではない、ということを示しています。

では、どうして私たちは「濁音＝汚い」というつながりを感じるのでしょうか？ コラム4-3、4-4で「濁音は声帯振動を維持するのが大変な、ある意味めんどうな音である」ということを述べました。この「調音上のめんどくささ」がネガティブなイメージにつながっているのかもしれません。ただ、「調音上のめんどくささ」がなぜ「汚い」というイメージにつながるのか。「めんど

図 4-7：汚い皿ときれいな皿

(a) (b)

どちらが /zabe/ でどちらが /sape/ ？

第4章 濁音と向かい合う　173

くささ」と「汚さ」には「ネガティブである」という共通点しかありませんから、この仮説には、正直私自身、少し論理の飛躍を感じています。この点に関しては、さらなる考察が必要でしょう。

4.6 濁音の音響

さて、「濁音＝大きい」の話に戻りましょう。第4.4節では「濁音＝大きい」というつながりを濁音の調音の観点から説明しましたが、これは音響の観点からの説明も可能です。良い機会ですので、濁音の音響もここで学ぶことにしましょう。もう一度喉仏に指を当てて、「あああっっっっっっっっぱあああ（=/aaapppppppaaaa/）」と「あああっっっっっっっっばあああ（=/aaabbbbbbaaaa/）」を繰り返して発音してみましょう。「あああ」の部分では声帯が振動しています。しかし /pppppp/ の部分になると声帯の振動が止まるのが感じられます。それに対して /bbbbbb/ の部分では、

声帯振動が続きます。初めと終わりの「あああ」の部分を延ばしてあげると分かりやすいかもしれません。この練習で分かるように、濁音は「声帯振動が続く阻害音」です。

　声帯振動は音を発しますが、濁音の発音中は口腔が閉じているので、その音が口腔の中に閉じ込められてしまいます。しかし、閉じた空間からも、周波数が低い音は外に伝わっていきます。これは、隣の部屋で音楽が鳴っている時、ドラムのような低い音が壁を越えて聞こえてくることからも分かります。同じ原理で、濁音を発音する場合にも、音響的には低い音が口腔の外に出てくるのです。

　図4-8は清音と濁音のスペクトログラムを比べたものです。復習ですが、スペクトログラムは「それぞれの音がどのようなエネルギーを持っているか」を示しています。縦軸が周波数で、黒い部分がエネルギーでしたね。/t/ と /d/ を比べてみると、/t/ の部分はほぼ真っ白であるのに対して、/d/ は下の部分に黒い横線があるのが分かりますか？　黒枠で囲っている部分で、これが、濁音の特徴である「低い周波数の音」です。

図 4-8：(a) /ata/（清音）と (b) /ada/（濁音）のスペクトログラム

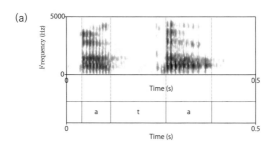

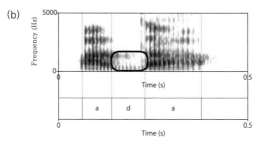

/d/ は発音中に低周波数帯にエネルギーが現れる

さて、第3章で出てきた「低い音→大きい」という連想を思い出してみましょう。ここに濁音を当てはめると、

「濁音→低い音→大きい」となります。つまり「濁音＝大きい」というつながりは、調音的な説明も可能ですが、音響的な説明も可能なのです。

4.7 まとめ

　濁音は「大きい」「重い」「強い」、時には「汚い」「食べられない」など色々なイメージを伴います。本章では、この中でも特に「大きさ」のイメージに注目して、濁音を調音と音響の観点から解説しました。調音的に考えると、濁音を発音する際は、声帯振動を続けるために、口腔内気圧が上がりすぎないように口腔内空間が膨張します。この口腔内空間の膨張が「大きさ」のイメージにつながっていると考えられます。また、音響的には、濁音は「低い音」しか口の外に出てきません。「低い音」というものは「大きな音源」を意味しますから、これまた「大きい」というイメージにつながるわけです。

第 5 章

ポケモンでする音象徴研究

第1章でも述べた通り、音声学をやさしく教えるのは簡単なことではありません。そこで、試行錯誤の末、私は音声学の授業の初めに、導入として音象徴を教えることにしています。2016年の9月に首都大学東京（現・東京都立大学）で集中講義をした際にも音象徴を初日に扱ったところ、ポケモンの名前が話題にあがりました。当時私はポケモンについてはピカチュウくらいしか知らなかったのですが、ちょうどその時に「Pokémon GO」が出たばかりということもあって、学生たちの反応にはすごいものがありました。本章では、その集中講義の1週間の間に学生たちと一緒にやり遂げてしまったポケモンの音象徴研究を紹介しましょう。

5.1　ポケモンについての予備知識

　この章で紹介する研究分析を理解するためには、ポケモンについてあまり知識がなくても大丈夫です。実際、私も最低限のことしか知りませんでした。どのようなポケモンの特徴が分析の対象になりうるかに関しては、学

生が私を教え、引っ張っていってくれたのです。ポケモンは、プレイヤーがトレーナーとなってポケットモンスター（＝ポケモン）を捕まえながら一緒に冒険するゲームです。分析を行なった2016年9月の時点で、ポケモンは第6世代まで存在し、計720体ほどいました。またポケモンには、それぞれの個体に「こうげき」や「すばやさ」といった強さの指標（パラメーター）が設定されています。しかも、ポケモンには「たかさ」と「おもさ」も公式に設定されています。「ピカチュウ」は6kgですが、重い「グラードン」は950kgで、もっと重い「ゲンシグラードン」は、999.7kgにもなります。ここで注目すべきは、「グラードン」という名前には濁音が2つ、「ゲンシグラードン」という名前には濁音が3つも入っているということです。この例を見ただけでも「ポケモンの名付けに濁音が関わっている可能性は高い」と思わざるをえません。

　また、ポケモンはゲームの中で進化していき、名前も変化します。例えば、「ピカチュウ」は「ライチュウ」に進化しますが、後に、「ピカチュウ」は「ピチュー」が進化したもの、と設定されました。そうやって後づけとして出てきたポケモンは「ベイビィポケモン」と呼ば

れます。進化の過程をまとめると、「ピチュー（ベイビィポケモン）→ピカチュウ→ライチュウ（進化形）」です。進化は最大２回まで起こります。

　首都大学東京での集中講義１日目の授業の後、当時大学院生だった熊谷学而くんが私に、「先生、ポケモンは進化後の名前では濁音が増えることが多いようです。『ニョロモ』は『ニョロゾ』に進化して、その後さらに『ニョロボン』になります。それに『ゴース』も『ゲンガー』に進化して濁音が増えます」と教えてくれました。これはしっかりと調べてみる価値がありそうだと思っていたら、次の日までに、同じく大学院生だった能登淳くんが名前に濁音が何個入っているか、全ポケモンのデータをまとめてきてくれました。熊谷くんと能登くんのバイタリティに感心しつつ、私も一緒になって本格的な共同研究を始めました。集中講義では、もともと統計分析やデータ処理演習を行なう予定だったので、せっかくなら学生が持ってきたデータを使って演習しようということで、実際に能登くんが持ってきたポケモンデータを用いて統計分析を行ないました。

5.2 濁音と進化レベルの相関

　授業で行なった分析ではまず、第6世代までのポケモンの名前について、「濁音の数」と「たかさ」「おもさ」「進化レベル」の関係を調べてみました。図5-1は進化レベルごとの、ポケモンの名前に含まれる濁音の平均数を示しています。進化レベル-1はベイビィポケモン、進化していないポケモンは進化レベル0で、ポケモンは最大レベル2まで進化します。図5-1を見ると、進化しているポケモンほど、名前に含まれている濁音の平均数が多くなることが分かります。

　慶應義塾大学の授業中に図5-1を解説したところ、ある学生からこんな質問がありました。「先生、『ゴース』は英語のghost（ゴースト）からきているし、『ゲンガー』は生き霊をドイツ語っぽく表現したものですよね？　だからこのパターンは、単なる偶然じゃないのでしょうか？」なるほど、とても良い質問です。これに対して、私は次のように答えました。「でも、『ゴース』と『ゲンガー』の2択があった時に、なぜ『ゴース』を進化前の名前に割り振って、『ゲンガー』を進化後の名前に割り振ったので

しょう？ どちらの個体にどちらの名前を割り振るかを決めている原理も、音象徴だと考えられませんか？『ゲンガー』の方が濁音を多く含むので、進化後のポケモンの名前としてよりふさわしいと判断されたのではないでしょうか？」みなさんはどう思いますか？

図 5-1：進化レベルごとのポケモン名に含まれる平均濁音数

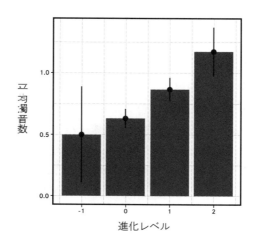

5.3 やはり濁音は「重くて」「大きい」

　次に、図5-2では、横軸に「濁音の数」、縦軸に「おもさ」の分布（a）、「たかさ」の分布（b）を示しています。縦軸は対数変換してあります。パッと見たところでは、縦軸と横軸の相関が分かりにくいかもしれませんが、統計分析をすると「おもさ」も「たかさ」も右上がりになっていることが判明しました。

　これらの分析の結果、「ポケモン名に含まれる濁音数が増えれば増える」ほど「進化レベルが高く」「重く」「大きい」ことが統計的に示されたわけです。「濁音＝重い、大きい」というつながりは、第4章で確認した「ガンダム」や「ゴジラ」の例と一致します。

　ここで強調しておくべき点は、第4章で濁音について話した時には感覚的にしか得られなかった結論が「実際のデータによって数量的に支持された」ということです。ポケモンの世界では、数多くの個体が存在するので、実際のデータベースを使うことによって、量的な分析ができるようになったということに大きな意味があります。

図 5-2：ポケモン名に含まれる濁音数と、おもさ・たかさの相関

(a) おもさ

(b) たかさ

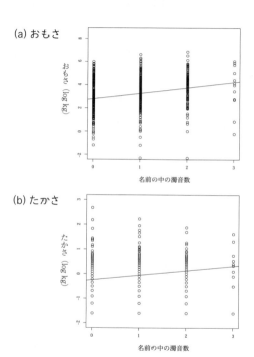

名前に含まれる濁音が増えると、おもさやたかさも増える

さて、おもさ、たかさの分析の次には、「濁音の数とポケモンの強さの相関」を調べてみました。小難しい統計の話で恐縮ですが、表5-1でρ(ロー)で示されているのは相関係数と呼ばれるもので、-1から1まで値が変わり、この数値が高ければ高いほど正の相関が強いということになります。その下のp(ピー)というものは、その値が偶然現れてしまう確率で、心理学・言語学・音声学では0.05未満の場合、「統計的に有意＝偶然で起こったわけではないだろう」と解釈します。

表5-1：濁音の数と各パラメーター（強さの指標）の相関

	HP	攻撃	防御	特殊攻撃	特殊防御	素早さ
ρ	0.12	0.21	0.15	0.10	0.11	0.05
p	<0.01	<0.001	<0.001	<0.01	<0.01	=0.15

表5-1を見ると、濁音の数と「ＨＰ(ヒットポイント)」「攻撃」「防御」「特殊攻撃」「特殊防御」との相関を表すρはプラスの値を示しており、pは0.01、あるいは、0.001未満です。しかし一方で、「素早さ」との相関を表すρは、他のパラ

メーターの ρ の値よりも低く（=0.05）、しかも、p も 0.05 未満ではありません。これは、「名前の濁音が増えれば増えるほどポケモンは強くなる。ただし、名前の濁音が増えても、統計的には『素早さ』が上がるとは言えない」ということを意味しています。私はこの結果を非常に興味深く感じました。「濁音＝強い」ということは容易に理解できます。しかし、「濁音＝素早くなるとは限らない」という結果も出たのです。考えてみれば、濁音には「重い」というイメージもあるので、そのイメージが「遅い」というイメージにもつながるのは不思議なことではないとも言えます。しかし、それが 720 体以上もいるポケモンの素早さの数値に現れているのですから、これは私には感動的な発見だったわけです。ポケモンの名付けをデザイナーがどれだけ意識的に行なっているかは分かりませんが、彼らは少なくとも無意識的には「濁音の音象徴」をポケモンの名付けに有効に活用していると言って良いでしょう。

5.4 名前が「長い」と「強くなる」？

　これも熊谷くんに指摘されたことですが、濁音の他にもう1つ、ポケモンの名前について気になることがありました。例えば「ニョロモ」ですが、1回進化すると「ニョロゾ」になり、もう1回進化すると「ニョロボン」になります。2回目の進化では、名前の最後に「ン」が付いて名前が延びています。「ピチュー」→「ピカチュウ」のパターンを思い出してください。まず「ピカチュウ」が存在して、その進化前の形として「ピチュー」が設定されたわけですが、進化前であることを表現するために「ピカチュウ」の「カ」が削られて、名前が短くなっています。ここには、「長い＝強い」「短い＝弱い」というつながりが明確に現れています。この「名前の長さの音象徴」を統計的に分析するために、ポケモンの名前の長さをモーラという単位で測りました。モーラとは伝統的には「拍(はく)」と呼ばれているもので、「ひらがな1つ分（小さい『ゃ、ゅ、ょ』を除く）」と考えてください。

　名前の長さ（モーラ数）と進化の関係を図5-3に示します。予想通り進化すればするほどポケモンの名前は長

くなっています。

では「名前の長さ」と「たかさ」や「おもさ」の関係はどうでしょうか？　図5-4を見て分かる通り、モーラ数が多くなればなるほど、つまり名前が長くなるほど、おもさは重くなり、たかさは高くなるようです。

図 5-3：進化レベルごとのポケモン名の平均モーラ数

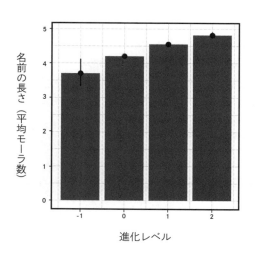

図 5-4：モーラ数と、おもさ・たかさの相関

(a) おもさ

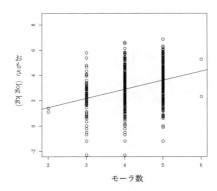

(b) たかさ

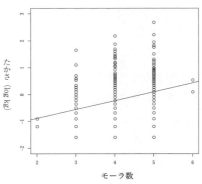

また、名前が長くなるとポケモンも強くなるのか、パラメーターごとに統計分析してみたところ、表5-2のように、すべてのパラメーターに正の相関があることが分かり、濁音の場合と違って、「素早さ」にも正の相関が見られました。「名前が長くなるほど、すべてのパラメーターにおいて強くなる」ということが統計的に結論づけられたということになります。

表5-2：モーラ数と各パラメーターの相関

	HP	攻撃	防御	特殊攻撃	特殊防御	素早さ
ロー ρ	0.26	0.27	0.29	0.20	0.25	0.15
ピー P	<0.001	<0.001	<0.001	<0.01	<0.01	<0.01

　さて、このような「名前が長い＝重い、大きい、強い」という音象徴はポケモンにしか見られないのかというと、そうでもなさそうです。例えば、「ドラゴンクエスト」の呪文の名前を例にとって見てみましょう。

表 5-3：「ドラゴンクエスト」の呪文の名前

弱い ←——————————————————————→ 強い

メラ	メラミ	メラゾーマ	メラガイアー	
ギラ	ベギラマ	ベギラゴン	ギラグレイド	
イオ	イオラ	イオナズン	イオグランデ	
ヒャド	ヒャダルコ	ヒャダイン	マヒャド	マヒャデドス
バギ	バギマ	バギクロス	バギムーチョ	
ホイミ	ベホイミ	ベホマ	ベホマラー	ベホマズン
ラリホー	ラリホーマ			

基本的に左から右に行くに従って、より「強い」魔法になるのですが、全体的に強い魔法ほど名前が長くなっています。中には「ベホイミ→ベホマ」や「ヒャダイン→マヒャド」のような例外もありますが、「音象徴に例外はつきもの」という事実は今までにも見てきた通りです。また強い魔法になるほど、濁音が増えているのも興味深いことです。

この「名前が長い＝強い」というつながりはゲームやファンタジーの世界にだけ当てはまるのかというと、これまたそうでもなさそうです。ローマ皇帝の名前を考えてみると、「長い＝強い」というつながりを戦略として用いていたのではないかと思わされます。五賢帝の1人でもある第16代ローマ皇帝の名「マルクス・アウレリウス・アントニヌス」なんていかにも強そうですね。また、この話を聞いた友人が「ドッグショーで受賞をしている犬の名前が面白い」と教えてくれました。確かに、受賞した犬のリストを見てみると、「マーガレット　スター　アニーズ　ジェーピー」(1つの名前ですよ！)だとか「ミホ　シャイニング　スター　ジェーピー　ブラック　ローズ」だの、やたら長い名前がたくさん出てきました。また、日本の神々にも長い名前が多いですね。「大国主命（おおくにぬしのみこと）」や「天照大御神（あまてらすおおみかみ）」、さらには「天津日高日子波限建鵜葺草葺不合命（あまつひこひこなぎさたけうがやふきあえずのみこと）」なんていう神様までいます。これを見てもやはり、「長い＝強い」というつながりは、ゲームの中だけで成り立つものではないと思わされます。この「長い＝強い」というつながりは、さらなる研究の価値ありです。

5.5 ポケモンで実験してみよう！

　ここまで紹介した分析は、実際のポケモンについてのものでした。しかし、ポケモンの名前は、ポケモンのデザイナーという"ある意味"特殊な人たちが考えたものですよね。では、一般の人たちがポケモンの名前を考えた場合どうなるのでしょう。これを調べるために行なった実験を次に紹介したいと思います。

　まず、実験を行なうにあたっては、実際には存在しないポケモン（オリポケ）の絵が必要となりました。私には残念ながらそんな絵心がないので、架空のポケモンを描いてくれる人を探すところから始めたのですが、幸いtotoまめさんという絵の上手な方に協力してもらえることになりました。図5-5は、なんだか本当にいそうなポケモンですが、totoまめさんによる架空のポケモンのサンプルです。

　実験では、日本人の学生に進化前と進化後の架空のポケモンのペアを20対提示して、それぞれに名前を付けてもらいました。できるだけオリジナルな名前を考えるようお願いしたところ、「リリーラ」→「ユレイドル」、「バ

図 5-5：実験に使われた架空のポケモン

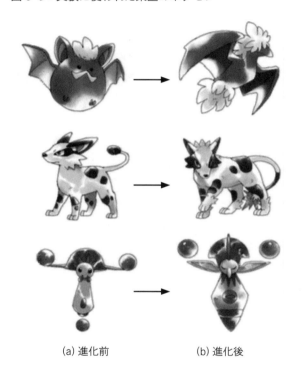

(a) 進化前　　　　　　　(b) 進化後

作画は toto まめさんによる。toto まめさんの許可を得て掲載。

ルチャイ」→「バルジーナ」、「カメテテ」→「ガメノデス」といった感じの本物のような回答が出てきました。みなさん、もうお分かりですね。この実験でも「進化すると名前に濁音が増えて長くなる」傾向が確認されたのです。平均では、進化前の濁音の数が0.44、進化後が0.80で、モーラ数では、進化前が3.90、進化後が4.56でした。どちらも統計的に計算すると、偶然でこのような差が得られたのではないだろう、ということが分かりました。つまり実在するポケモンの分析で確認した音象徴は、ポケモンのデザイナーだけでなく、一般人も使用することが分かったのです。

　また、各ペアについて進化前の名前と進化後の名前で、モーラ数と濁音が「増えたか」「減ったか」それとも「一定か」というのも調べてみました。合計1,885の名前のペアに関する結果が表5-4です。ご覧の通り、濁音数もモーラ数も「増加」する傾向にあって、「一定」なペアも結構存在しますが、ここでのポイントは「減少することは滅多にない」（全体の10%）ということです。

表 5-4：進化前と進化後の濁音数とモーラ数の増減

	濁音数	モーラ数
増加	707（38%）	1,034（56%）
減少	182（10%）	189（10%）
一定	966（52%）	632（34%）
合計	1,855	1,855

架空のポケモンを使った実験

5.6 ポケモン名における母音の効果は？

　ポケモンの実験研究ではさらに、第3章で見たような母音の効果も確認してみました。各ポケモンの名前の長さは異なるので、一番初めにどんな母音が現れたのかだけを、進化前と進化後で比べてみました（表5-5）。

　それほど劇的な変化ではありませんが、「あ」の母音は進化前より、進化後に多く使われやすくなっています。一方「い、う」は進化前に比べて、進化後に使われる回数が減っています。これも、第3章で確認した、「あ＝大きい」「い、う＝小さい」という音象徴の表れかもし

れません。

表 5-5：進化前と進化後の名前における一番初めの母音の数

	進化前	進化後	
あ	532	592	↑
い	311	287	↓
う	409	386	↓
え	187	172	
お	416	418	

ポケモン研究開始直後の反響

ポケモン研究については、開始当初より各方面から多くの反響がありました。分析を始めたのが 2016 年の 9 月だったのですが、11 月には実在するポケモンの名前に関する論文を書きあげ、12 月には海外の学会に招待講演を依頼されました。一般雑誌である WIRED からも取材が来て実際に記事が載りましたし、慶應義塾大学の

塾生新聞にも記事が載りました。また、海外の研究者からも、「自分たちの言語で研究したいから共同研究できないか」という問い合わせが数件ありました。さらに「授業でこの論文を紹介するから」と言ってくれた先生もたくさんいましたし、「今度うちの大学の研究会で議論することになっているんですよ」と教えてくれた学生もいました。やはり「音声学を楽しい題材で議論したい！」という気持ちは、私だけでなく多くの先生や学生の中にもあるようです。

redditという、日本でいえば2ちゃんねるに当たる海外のインターネット掲示板でもこのポケモン研究が話題になっていたようですし、熊谷くんが「僕の非常勤先の学生が2ちゃんねるのまとめサイトに先生たちの研究が出ていたと言ってましたよ」と教えてくれました。言語学の分析がネット掲示板で議論され、まとめサイトに載ってしまったとは、我ながら驚きです。

ちなみに、私がポケモンを題材にして本当に良かったと思うのには、研究的な意義だけでなく教育的な意義もあります。先に記した通り、私はポケモンに関してはほぼ素人だったため、この研究に際しては、学生から色々

なことを教えてもらわなければなりませんでした。それもあってか学生から「先生、伝説のポケモンというのがあるのですが、それらの名前にも濁音が特に多いのでしょうか？」とか「先生、特性と色も濁音の音象徴パターンに関わるのでしょうか？」とか、積極的な発言が多く見られました。学生が積極的に議論に参加できるのも、ポケモン研究の醍醐味なのです。

5.7 世界に広がるポケモン研究

　私たちがポケモン言語学の最初の論文をインターネット上で公開したところ、すぐさま南カリフォルニア大学の先生が、英語のポケモン名の分析を始めてくれました。それだけでなく、彼女は世界各国の研究者に呼びかけて国際的な研究チームを招集し、日本語・英語・中国語・広東語・韓国語・ロシア語のポケモン名を一気に分析する大規模なプロジェクトを開始したのです。このチームには、もちろん私も日本語分析担当として加わりました。

結果として、これらの言語でもポケモン名について、様々な音象徴的なつながりが成り立つことが明らかになりました。この論文で報告されている結果を表5-6に引用します。横の列は、それぞれの言語を、縦の行は分析の対象となった属性を表しています。↑は正の相関、↓は負の相関で、（　）に入っている矢印は弱めに成り立つ相関です。「つよさ」は全てのパラメーターの合計値です。

　それぞれの言語で色々なパターンが観察されましたが、特に興味深いのは「名前の長さ」と「進化レベル」が、全ての言語において正の相関を示していることです。つまり、どの言語においても、「進化レベルが上がるほど、そのポケモンの名前が長くなる」という傾向が成り立つことが分かりました。ただ、「音の長さを測る単位」は言語によって異なっていて、日本語では「モーラ数」が、中国語や広東語では「音節数」が、英語・韓国語・ロシア語では「分節音（＝子音と母音）の数」が重要のようです。ポケモンの研究から、それぞれの言語で「何をもって１つの音と数えるか」が異なることも見えてきたのです。

こうして、せっかく世界中の研究者たちがポケモンの名前を分析し始めてくれたのですから、「みんなで一緒に集まって議論したい！」という流れになったのは自然な成り行きでした。というわけで、2018 年に、私は世界中の研究者たちを日本に召喚して招いて国際学会を慶應義塾大学で主催することにしました。この「国際ポケモン言語学会」では世界で活躍する一流の言語学者たちが、ポケモンの名前について熱い議論を交わしたのです。加えて、この学会では、招待講演者の先生たちだけでなく、大学院生たちによる発表もなされ、他のゲームにおける名前の音象徴分析が報告されました。
　また、この学会後のパーティーの場で「日本語だけじゃなくて英語でも実験してみなよ」とそそのかされ（？）、英語話者を対象にしたオリポケの名付けに関する実験も開始しました。何回か実験を行ったのですが、結果として最も興味深かった発見は、やっぱり「濁音の効果」でしょう。英語話者も、名前に濁音が含まれると、その名前を「進化後」のポケモンのものとして判断しやすいことが判明しました。また、実在するポケモンの名前では明確なパターンは出てこなかったのですが、オリポケを

表 5-6: 6ヶ国語におけるポケモン名で観察された音象徴パターン

	日本語	英語	中国語
おもさ	↑モーラ ↑濁音 (↓両唇音) (↓硬口蓋音)	↑共鳴音 (↑濁音) (↓両唇音) (↑低母音)	↑音節 ↓繰り返し
たかさ	↑モーラ ↓両唇音	↓両唇音 (↑低母音)	↓繰り返し
つよさ	↑モーラ ↓両唇音	↑分節音 ↓両唇音 (↑低母音)	↑音節 ↓繰り返し ↑前舌母音 (↑声調4)
進化レベル	↑モーラ (↑濁音) (↓両唇音)	↑分節音	↑音節 ↓繰り返し (↑声調4)
性別 (雄率)	↓共鳴音	↑後舌母音	(↓繰り返し) (↑声調3, 4)

広東語	韓国語	ロシア語
↑音節 ↓繰り返し (↓非高母音)	↑中舌母音 (↑分節音) (↑歯茎音) (↑軟口蓋音)	↑歯茎音 ↑軟口蓋音 (↑共鳴音)
↓繰り返し (↓声調2)	↑中舌母音 (↓濃音) (↑非高母音)	
↓繰り返し ↓声調2	↑中舌母音 ↑分節音 ↓濃音	
↑音節 ↓繰り返し ↓声調2	↑分節音 (↓濃音)	↑分節音 (↑共鳴音)
(↓繰り返し) (↑声調6)		(↑中母音)

使った実験で確かめてみると、母音の効果もはっきりと確認されたのです。日本語話者も英語話者も、「/a/ を含む名前」の方が「/i/ を含む名前」よりも、「進化後」の名前として判断しやすいことが分かりました。これは第3章で紹介した母音の音象徴効果が、英語話者がポケモンに名付けをする時にも働くことを示しています。

　さらに、ポケモン名の研究に勤しんでいたある日、ブラジルの先生からメールが届きました。その先生は音声学が専門ではなかったのですが、ご自身がポケモン好きで、実験には慣れてらっしゃるということで、彼女が指導する学生たちとともに共同研究を始めました。ブラジルでは英語のポケモン名を使うので、ポルトガル語のポケモン名がそもそも存在しません。ですから、オリポケの絵を使って、ポルトガル語話者が、それらにどのような名前をつけるかを探究し、その後「濁音の効果」などに焦点をあてて追加実験を行ないました。これらの研究の結果、「濁音の効果」「母音の効果」「名前の長さの効果」という英語話者や日本語話者が共有している音象徴的な感覚を、ポルトガル語話者も持っていることが判明しました。

その後、さらなる実験の結果、「濁音＝進化後」というつながりは、日本語・英語・ポルトガル語だけでなく、ロシア語やグルジア語でも確認されました。これらの実験結果に鑑みて、第４章で説明した「濁音」の音象徴には何か言語を超えて成り立つ性質があるかもしれない……と心を躍らせています。濁音を発音する時に、口腔内の空間が膨らむのは物理的な現象ですから、世界中の言語で「濁音＝大きい＝進化後」というつながりが観察されても不思議ではないのです！　もちろん、しっかりと実験が完了した言語は５つなので、まだまださらなる研究が必要ですが。

5.8　ポケモンのタイプも音から分かる!?

　さて、これまで紹介した研究は、すべて「ポケモンの進化ステータス」を分析対象にしたものです。しかし、私の研究を知ってくれた東京農工大学の学生たちが「ポケモンのタイプも音象徴的に表されている」という発表を、国際ポケモン言語学会で披露してくれました。彼ら

の発見は、実在するポケモン名において、悪役っぽいポケモンには濁音が多用され、フェアリータイプのポケモンには「パ行」や「マ行」などの「両唇音」と呼ばれる音が多用されるというものでした。この「名前からポケモンのタイプも推測できる」という観察はのちのちオリポケを使った実験でも確かめられました（図5-6）。この研究によって、新たなポケモン言語学の地平が開けてきたのです。

　そこにたたみかけるように、例のブラジルの先生が「ソクラテスもウパニシャッド（古代インドの宗教哲学書）

図5-6：フェアリータイプと悪役タイプのオリポケ

どっちに濁音？どっちに両唇音　作画はtotoまめさんによる

も、『摩擦音＝風・空』という音象徴的つながりを論じているんだけど、また一緒に実験してみない？」と声をかけてくれました。ポケモンには「ひこう」タイプという飛ぶポケモンがいますから、この古代の思想家たちの思想をポケモンという題材を使って検証するというロマン溢れる実験を実施することができたのです。この共同研究によって、日本語話者と英語話者は、「摩擦音」と「ひこう」タイプを結びつけるものの、ポルトガル語話者ではそうした傾向が観察されないことが分かりました。こうした研究から、少しずつ、音象徴に関する言語間の共通性や相違性が浮かびあがってきたのです。

　2016年に始まったポケモン研究ですが、このように、現在に至るまで世界中の言語学者たちが研究を続けてくれている一大プロジェクトに発展したのです。

5.9　ポケモン言語学の原動力は学生たち

　最後にポケモン言語学に関して付け加えたい点があります。本当にありがたいことに、ポケモン名の研究も世

間に知られるようになりましたが、そうすると「川原繁人はポケモン言語学の創始者」などとメディア記事などで取り上げられてしまいます。しかし、ここで誤解して欲しくないのが、ポケモン言語学の本当の原動力は「学生たち」なのです。この章の初めの方で説明しましたが、ポケモン研究のそもそもの始まりは、当時首都大学東京の大学院生だった2人の発見と行動力です。そして、ポケモンのタイプに関する研究も、学生の発見から始まったものですし、他にも、ポケモンの技の名前を分析してくれた国際基督教大学の学生もいます。彼の研究からインスピレーションをもらった私は、自分の研究人生の中で最も気に入っているクリーンヒットの論文の1つを出版することができました。

　私はよく学生たちに「大学の先生も学生から学んでいるんだよ」と言っています。他の研究者の方にも、似たような発言をしてらっしゃる方は少なくありません。ただ、私としては本気で言っているのですが、残念ながら謙遜と受け取られることも少なくないのです。でも、本当はまったくそんなことはありません。博士号を取って何年経っても、学生たちは私と違う視点・考え方を常に

提供してくれています。ポケモンについてほとんど何も知らなかった私を引っ張ってくれたのは学生たちです。

　ポケモン言語学に限らず、何か面白いことを思いつく時というのは、多くの場合、学生と議論をたたかわせている時です。ですから、もし学生の読者の方がいらっしゃったら、遠慮なく先生たちに自分の意見をぶつけてほしいと思います。それが新たな研究につながることも珍しいことではないのですから……。

5.10　まとめ

　この章では、最先端の音象徴研究の1例であるポケモン研究を紹介しました。これは大げさではなく、本当に世界初の試みで、海外の音声学者たちからも高い評価を得ているものです。

　また、このポケモン研究が学生の興味から始まったものだということは注目すべきことです。興味があることも突き詰めれば、ポケモンの名前であっても、立派な研究対象になります。「ポケモンなんて研究対象としては

チャラいんじゃない？」と思われるかもしれませんが、しっかりとした方法論を用いれば、私たち人間がどのように名付けを行なっているのかという音象徴の問題をポケモンを通じて解き明かしていくことができます。コラム 1-2 で述べたように、「音そのものに意味があるか」という問題は、古代ギリシャや旧約聖書の時代から論じられてきた問題です。この言語の本質に関わる問題に、21 世紀の今、ポケモン(ピカチュウ)が光を照らすことができるのです。なんと感慨深いことではありませんか！

第 6 章

より広い視点から
音象徴・音声学を考える

本書を通じて、みなさんは音声学についてたくさんのことを学んできました。本書は他の音声学の教科書とはだいぶ趣(おもむき)が異なりますが、音声学の大事な概念がたくさん盛りこまれています。また、これまでの章で音象徴に関してもかなり網羅的に色々な現象を見てきました。本書も終わりに近づいてきましたが、この章では、少し広い視点から音象徴と音声学を眺めてみることにしましょう。

6.1　バベルの塔は崩壊していない？

　本書では今まで母語における音象徴の役割を中心に話してきましたが、ここでは音象徴と外国語習得の関係についてお話ししたいと思います。音象徴と外国語習得に関する実験を1つ紹介しましょう。日本語を全く知らない英語話者に、「明るい vs. 暗い」「甘い vs. 酸っぱい」「重い vs. 軽い」など反対の意味を持つ日本語の形容詞ペアの発音を日本語で聞かせたところ、英語話者たちでもなんとなくどちらがどちらか分かるという結果が出まし

た。この実験は日本語の形容詞ペアだけでなく、アルバニア語やルーマニア語など、色々な言語の形容詞ペアでも試されたのですが、やはり英語話者でもどちらがどちらか、ある程度は分かる傾向にあると報告されています。おそらく、この結果の背後にあるのは音象徴でしょう。

　みなさんは、旧約聖書の創世記に出てくる「バベルの塔」の話を知っていますか？　人間が天にも届く塔を建設しようとしたところ、その試みに対して怒った神が、人間たちがそれ以上共同作業できないよう、お互いの言葉が通じないようにしてしまったという物語です。これは当時も色々な言語が存在しており、お互いの言語を知らないと意思疎通ができなかったという状況を神話的に解釈したものだと思われますが、上の形容詞ペアの実験結果を考えると、旧約聖書の時代から今日に至るまで、音象徴のおかげで、人間は異なる言語を話していても、かろうじてある程度まで感覚を共有することができているということにもなるでしょう。音象徴は「私たちがどのように音声を作り出し、その調音動作がどのような空気の振動（音響）に変わり、人間がその音響をどのように知覚するか」に基づいています。ですから、同じよう

な調音器官を持ち、同じ物理法則に支配された環境下で暮らし、同じ聴覚器官を持っている人間同士は、言語が違っても分かり合える部分があるのかもしれません。他言語の音声は、自分の母語とはだいぶ違って聞こえます。しかし、同じ人間が、同じ調音器官を使って、同じ空気を媒体として話しているのですから、共通する部分が出てくることは、さほど不思議ではないとも考えられます。

　音象徴はまた、外国語の単語を学ぶ時に必要な長期記憶にも影響することが分かっています。例えば、日本語を知らない英語話者に「/hayai/ というのは fast（速い）という意味だよ」と教えた場合と「/hayai/ というのは blunt（鈍い）という意味だよ」と教えた場合、前者のグループの方が、教えられた意味と音のつながりをよりよく覚えるということが報告されています。一般化して言えば、音象徴は外国語習得に影響するかもしれないということです。また、音象徴が赤ちゃんの言語習得を助けているであろうということは、コラム 1-1 で触れた通りです。こうしてみると、「音象徴は人間の言語習得一般に深く関わっている可能性が高い」と言えるでしょう。

6.2 多感覚知覚：マルチモダリティ

　ここまでは、音声学の観点から音象徴を解説してきました。しかし、本節では音声学の枠を超えて音象徴を捉えてみましょう。音象徴は認知科学の立場から捉え直すと、「感覚間のつながり＝多感覚知覚（マルチモダリティ）」の1例として解釈できます。ここで言う「感覚」とは、「聴覚」「視覚」「味覚」「嗅覚」「触覚」などです。「意味」を感覚の1つとして考えると、音象徴は「音（＝聴覚）」と「意味」という「感覚間のつながり」として解釈できます。第2.1節で扱った、丸っこい図形（/maluma/）と角ばった図形（/takete/）を思い出してください。そこで見られた音象徴で音とつながっているのは、「意味」というよりも、「視覚」であると言った方がより正確かもしれません。これは「音（＝聴覚）」と「視覚」につながりがあるということです。ちなみに、母音が特定の「色」に結びつくという報告もあって、例えば、「あ」＝「赤色」や「い」＝「黄色」、「お」＝「青色」のように感じる人もいるようです。みなさんは、どう感じますでしょうか？　そして、他の母音にはどんな色が似合うでしょ

うか？

　このような、「それぞれの感覚は独立しているのか」それとも「お互いに影響し合っているのか」という問いは、心理学や認知科学における根源的な問題の1つです。もちろん「嗅覚」や「味覚」のように、「感覚間のつながり」が明らかな例もあります。美味しい食べ物は大抵良い匂いがするもので、逆もまた然りです。また、鼻が詰まっていて嗅覚がうまく働かない日は、食べ物が美味しく感じられないものです。赤ちゃんや子どもが親に抱かれている時、その子は親の声・匂い・肌のぬくもりすべてを同時に堪能しているように見えます。そのような状態で感じている感覚を、「聴覚」「嗅覚」「触覚」に分けろというのは無茶な注文だと思います。

　このような、つながりが明らかな例だけでなく、最近の研究ではもっと驚くべき感覚間のつながりが発見されるようになってきました。例えば、ある研究では、「高い音」を聞くと「甘みが強調され」、逆に「低い音」を聞くと「苦味が強調される」という報告があります。また、これは実際に経験がある人も多いかと思いますが、飛行機の中で食べるものは（機内食に限らず）、いまいち美

味しくないと感じますよね？　実は、雑音の中でものを食べると、「甘み」と「塩味」を感じにくくなるという研究報告もあります（しかし、「旨味」は影響を受けないそうです）。これらの研究は、「聴覚」と「味覚」がつながっていることを示しています。とすると、ご飯を美味しく食べるには、そのご飯にぴったりの音を探すべきだということになります。この「聴覚の味覚への影響」を考慮して、ＢＧＭを吟味しているカフェやレストランもあるようです。

「多感覚知覚」の実験としてはまた、第２章で取りあげた「/maluma/ と /takete/ の違い」や「/bouba/ と /kiki/ の違い」と、「味覚」に関するものもあります。実験参加者にミルクチョコとブラックチョコを食べてもらい、それぞれのチョコの名前を選んでもらうと、ミルクチョコには /maluma/ という名前、ブラックチョコには /takete/ という名前を選ぶ人が多かったという結果になりました。また、普通の水と炭酸水を飲んでもらい、それぞれの水の名前として /bouba/ と /kiki/ の名前を選んでもらうと、「/kiki/ の方が炭酸水だ」と答える人が多くなりました。私も「/takete,kiki/ ＝ブラック

チョコ、炭酸水」という感覚には同感ですが、この感覚が実験で実証されているのは面白いですね。

ただし、このような「/takete,kiki/ ＝ブラックチョコ、炭酸水」というつながりが、異なる言語を話す人すべてに共通するものなのかというと、そうではなさそうです。西洋文明とほとんど交流のないナミビアに住むヒンバという人々を対象に同じ実験をしたところ、「炭酸水＝/kiki/」というつながりは観察されず、チョコの名前では「ミルクチョコ＝/kiki/」という結果になったようです。しかし、音と形については「/bouba/＝丸っこい形」「/kiki/＝角ばった形」という結果が出たということで、感覚間のつながりがどの程度の普遍性を持つのか、今後の研究に期待したいところです。

また「味覚」が「音」につながっているだけでなく、「形（＝視覚）」が直接的に意味につながることも、別の実験により分かっています。第2.1節で扱ったケーラーの「丸っこい形」と「角ばった形」を使って、日本人に対して音声を介さずに、「どちらが『萌え』で、どちらが『ツン』か」と質問した実験でも、やはり「丸っこい＝萌え」「角ばった＝ツン」という結果となりました。また、「萌

え」の概念を知らないアメリカ人に「丸っこい形」と「角ばった形」を見せて、「どちらが親しみやすくて、友達になりやすそうか」と質問したところ、「丸い形＝親しみやすそうだ」という回答が得られました。これは、「形」と「意味」が、「音声」を介さず直接つながる可能性を示唆しています。

このように、私たちの「視覚」「聴覚」「触覚」などの感覚が互いにつながっているとすれば、「脳が音をどのように認識するか」も「視覚」や「触覚」に影響されるのかという問題に関わってきます。脳が音を認識する時に、視覚の影響を受けてしまうことは昔から分かっていて、それは「マガーク効果」として知られています。例えば、私たちは「が」と発音している人の口を見ながら「ば」の音を聞くと、「だ」の音と認識してしまうことがあります（図6-1）。「マガーク効果」で検索すれば、インターネット上で色々なデモ動画が見つかりますので、興味がある人は試してみてください。

マガーク効果は「視覚」が「聴覚」に影響する例ですが、「触覚」が「聴覚」に影響するという報告もされています。口の前に手のひらをかざして、ちょっと強めに「ぱ、ぱ、

ぱ」と発音してみてください。手のひらに口から出てくる息を感じましたか。これに口腔内気圧の上昇に起因する /p/ の破裂が手に当たっているのです（第2.5節）。

図 6-1：マガーク効果

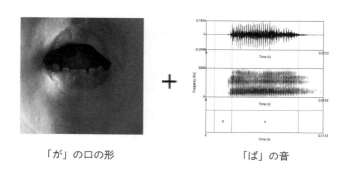

「が」の口の形 ＋ 「ば」の音

＝ 「だ」

知覚される音

この現象を利用して、実験では「ぱ」と「ば」の音にノイズをかけて、2つの音の聞き分けを難しくした上で、

実験参加者に聞かせました。そして、一部の実験参加者には、音と同時に右手か首に空気を当てたところ、どちらの音を聞いても「ぱ」だと判断する確率が上がったのです。これは、右手や首に当てられた空気が「ぱ」の発声による空気だと解釈されたためだと考えられます。また次に行なわれた実験では「空気を踵(かかと)に当てられても、『ぱ』の音と判断されやすい」という結果も出ました。これらの実験は、「触覚」と「聴覚」がつながっているということを示唆しています。耳と踵では位置的にはだいぶ離れていますが、耳から入ってくる情報と踵から伝わってくる情報が一緒になって脳の中で処理されているというのですから、驚きです。

　まとめると、音象徴はこのような「感覚間のつながり」の1例であり、「人間の感覚がどのように成り立っているのか」という重要な問いに光を当てることができます。ですから音象徴の研究は、今後、音声学においてだけでなく心理学や認知科学においても発展していくものと思われます。

6.3 他分野で生きる音声学

　さて、ここまで本書を読まれたみなさんは、音声学のエッセンスをかなり広く深く理解できたことでしょう。ここまで学んできた音声学の知識は、実は音声学だけでなく他の分野でも生かすことができます。みなさんにそのことを知ってもらうために、実際の例をかいつまんで紹介していこうと思います。

音声学と外国語学習

　第 6.1 節では、音象徴が外国語学習にも役立つことに触れましたが、音象徴以外の音声学の知識も「外国語学習」に役立ちます。例えば、よく「英語の /r/ は巻き舌です」と言いますが、「巻き舌」とはどういうことか実際によく分からない時、第 3.8 節で紹介したようなＭＲＩの動画を見ると「巻き舌」の発音を目で見て理解することができます【参考動画あり】。また、フランス語の /r/ と英語の /r/ は実際に聞き比べてみると結構違いますが、具体的には何が違うのでしょう？　この違いも音響分析をしてみると、はっきり分かります。また、日本

語の「ラ行」は、ローマ字では r で書きますが、なぜ l ではなくて r で書くのでしょう？　日本語・フランス語・英語の /r/ は一体どう違うのでしょう？　音声学はこのような問いの1つ1つに具体的な答えを出してくれます。

音声学とうた

　音声学では声の出し方も研究しますから、「うた」でも生かされます。それぞれの音声の発音の仕方を意識的に学ぶことで、音をはっきり発音することが可能となります。ビブラートのような歌唱法の分析や、それらの歌唱法で発せられた音の音響分析も音声学の研究対象です。例えば、本書で紹介した音響分析を使ってビブラートの声の高さを分析してみると、図6-2のようになります。これを見ると「ビブラートとは声の高さが波のように変化する歌声である」ということが分かります。

　また、プロのボイストレーナーや歌手の方々が私の書いた本たちがとても役立っていると言ってくれているので、「音声学が歌う人たちにとっても役に立つ」ということは、プロのお墨付きです！　私たちがどのように声帯周りの筋肉を使って声の高さを変えているのかを研究

図 6-2：平均 880Hz で発音されたビブラートの声の高さの変化

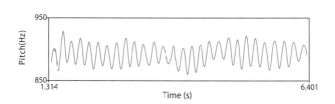

しているのも、やはり音声学者たちです。

この「音声学を歌に生かす」ことは、本書が文庫化された 2024 年現在、私の研究活動におけるメインテーマの１つとなりました。詳しく論じていると別の本になってしまうので、この点に関しては巻末の「あとがきのようなエッセイ」を参照してください。

音声学と感情表現

みなさん、私たちの感情は、結構声に出る（出てしまう）と思いませんか？　怒っている人・悲しんでいる人・喜んでいる人の感情は、声から分かることが多いと思います。ですから、「感情の音声学」を研究している音声学

者もいます。「嬉しい時の声」「悲しい時の声」「怒っている時の声」、みんな違う音色を持っていますが、具体的には何が違うのでしょうか？　聞き手は何を手掛かりに「声の感情」を読み取っているのでしょうか？　本書で何度か触れた音響分析を使えば、このような質問にも具体的に答えが出せます。また音響学者の中には、発音された音の音響情報を一部変換して、もとの音声に「怒り」や「悲しみ」のような感情を付加することに成功している人もいます。

　発音の特徴を学ぶことは、アナウンスや演技の役にも立ちます。実際に私は「声優がどのように役を演じ分けるのか」という音声分析をしたこともあります。刑事ドラマなどで時々見ますが、「犯人の声の声紋（スペクトログラム）を分析する」ということも実際に行なわれていますし、現在では録音した音声データも裁判の証拠に使われるようになっているそうです。この一般に「声紋分析」と呼ばれるものは、本書で学んだ「音響分析」と同義です。

　このテーマもまた、2024年現在、私の研究の柱の1つとなりました。結果はいつか別の本にまとめたいと

思っています。

音声学と医療

　日本社会では今後も高齢化がどんどん進んでいきますが、年を取ると聞き取りにくくなる音があります。人間の耳は加齢とともに高い周波数の音が聞き取りにくくなるので、高周波域にエネルギーが集中している摩擦音が特に聞き取りにくくなります。また、日本語の高母音（「い、う」）は無声子音に囲まれると無声化しますが、無声化した母音は高周波域にしかエネルギーが残らないため、聞き取りが難しくなります。そこで、音声学の知見を生かして、そのような音をどうしたら聞きやすくできるかという研究もなされています。

　私自身、数年前に、ある看護師さんから「マスクを通して患者様とお話しすると、こちらの声が聞こえにくくなって、どうしても患者様の負担になってしまう。どのような話し方をすれば改善できますか？」と相談されて、アドバイスをしたこともあります。音声学はこのように高齢化社会の医療現場で役に立つこともあるのです。

　医療と音声学の関わりのもう１つの例として、「マイ

ボイス・プロジェクト」というものがあります。みなさんはALS（筋萎縮性側索硬化症）という、筋肉がだんだん動かなくなり、最後には話すこともできなくなってしまう難病のことを知っていますか？　ALSは神経伝達性の難病ですから、患者様たちは、意識ははっきりとしていて考えることはできるのに、言葉を発することができないという辛い状況に置かれています。そのような患者様の声をあらかじめ録音しておき、患者様が声を失った後にも、パソコンを使って自分の声で家族や介護者様とコミュニケーションを取れるようにするプロジェクトが「マイボイス・プロジェクト」です。これは、東京都立神経病院の本間武蔵先生と、長崎の「パソボラこころのかけはし」という団体の吉村隆樹さんが中心となって行なっています。

　私も2013年ごろから、音声学的な面から音質向上のお手伝いをさせてもらっています。私が「マイボイス・プロジェクト」を手伝いだして最初に役に立ったのは、やはり音響音声学の知識であり、コラム4-6で紹介したPraatの技術です。

　また、私は大学教育を通じて「マイボイス・プロジェ

クト」の関係者を集めてワークショップを行ない、意見交換の場を設けることで、「マイボイス・プロジェクト」の周知活動を行なっています。この活動を続ける中で、患者様や介護者様たちと接することで「自分自身の声の大切さ」を改めて感じ、音声学の意義を再認識することもしばしばです。

　医療の現場にはまた、「言語聴覚士」という、言葉によるコミュニケーションに障害を持つ人をサポートする「音のお医者さん」もいます。「音のお医者さん」になるためには、「音声学」は必修の科目です。また、私の教えていた学生の中には、吃音(きつおん)障害を持つ学生がおり、「どのような音を発音する時に、どのようなタイミングで詰まってしまうのか」の研究をしていました。

　このように、音声学は「医療」とも深く多様に関係しています。ある患者様の「声を出してコミュニケーションを取ることは、生きることそのものだ」という言葉に、私は強く、深く、うなずかずにはいられません。

音声学と商標登録

　新しい商品の名前を商標登録する際、「すでに存在す

る商品名と似過ぎてはいないか」ということが問題になることがあります。例えば、「グリコ」という製品はすでに存在しますが、「クリコ」という名前は「別の新商品の名前」として認められるのでしょうか？ それとも「グリコ」と「クリコ」は似すぎていてダメでしょうか？「クリコ」がダメなら「メリコ」だったらどうなのでしょう？ このような「2つの名前の音がどの程度似ているか」という問題を客観的に調べるためには、知覚音声学の知見が役に立ちます。

音声学と科学技術

　音の世界には、人間の「声」を研究対象とする学者だけではなく、他の様々な「音」を研究する「音響工学者」と呼ばれる音の科学者たちもいます。今スマートフォンなどで使われている音声認識ソフトも、音声学の基礎的な研究の積み重ねの上に成り立っています。音楽CDやその他のデジタル音楽も、人間の耳が聞き取れる周波数の限界を研究し、耳に聞こえない「余計な」音を除去することで、コンパクトなデジタル化に成功したもので、そこで使われたのも音声学の知見です（最近のデジタル

音楽は「ハイレゾ」といって、CDでは除去した、耳に聞こえないはずの周波数を取りいれることもありますが……)。音響工学者たちはエアコンや掃除機といった電気機器の騒音を抑えたり、心地良い走行感を醸しだす車の音を研究したりと、様々なものづくりに音の科学技術を応用しています。ある意味、音声学は「様々な分野における縁の下の力持ち」と言えるでしょう。

　本書では色々と小難しいことも述べてきましたが、本書を読んで、音声学に興味を持ち、将来、音声学を多様な分野に生かしていきたいという人が出てきてくれたら、著者としては嬉しい限りです。

第7章

最後のメッセージ

7.1 名は体(たい)を表す

　本書が扱ってきた現象は「音象徴」、すなわち「名は体を表す」という現象です。言い換えるなら、「音そのものに、あるイメージ（印象）があって、人や物のイメージは、その名前の音の印象に左右される可能性がある」ということです。改めて考えてみると、この現象はすごいことではありませんか？　音とは、客観的に見れば「ただの空気の振動」という物理現象です。しかし、私たち人間は、「音がどのように発音されるのか」「どのような音響振動として現れるか」「どのように知覚されるか」などを通して、直接的に音から「意味」を読み取っている可能性があるわけです。

　シェイクスピアの『ロミオとジュリエット』の中で、ジュリエットがロミオにこんなことを言っています。

「名前が何だっていうのよ。私たちが『バラ』と呼んでいるものはほかのどんな名前であっても、その甘い匂いは変わらないでしょうに」（著者訳）

しかし、「バラ(rose)ローズ」が/zige/ジゲという名前であったら、その印象や匂いは、本当に変わらなかったでしょうか？（ただし、ジュリエットがここで本当に言わんとしていることは「あなたのモンタギュー家なんていう出自などは気にせず、私と結婚しましょう」ということですから、劇中では、「バラ」が問題なのではありません。ここで言う「バラ」はあくまで「ロミオ」を指しています。また「バラの名前に意味がない」のではなく「モンタギュー家というステータスには意味がない」ということです）。

　本書は、読者のみなさんに音象徴の面白さを味わってもらうことを大きな目的の1つとしていました。が同時に、「私たちが音声を使って話す時に何が起きているか」を解説することも目指しました。扱ったトピックの中には、「発声時の空気力学」「フォルマントの計算」など、小難しい話もあったと思います。一般の音声学の入門の授業では突っ込まないようなところまで、あえて突っ込んだ部分もありました。私は音声学入門のクラスでフォルマントの計算方法を教えますが、私の授業に潜り込んできたある先生によれば、フォルマントの計算方法まで教えるのは、日本ではあまり一般的ではないそうです。

ですから、第3.10節でフォルマントの計算がバッチリ理解できた人は、すでに一般の音声学入門の先を行っているかもしれません！　何はともあれ、音象徴の分析を通して、音声学の面白さが少しでも伝えられたのであれば幸いです。

　第2章では、音声学でとても大事な阻害音と共鳴音の区別を学び、口腔内気圧の上昇やその音響的結果（破裂や摩擦）についても学びました。第3章では、母音に関する基本的な音声学的概念を、調音・音響の両面において学んだと言って良いでしょう。MRI画像を使いながら調音を確認し、少しだけとはいえフォルマント計算までやったのですから、本書を読み遂げたみなさんにはぜひ自信を持って欲しいと思います。第4章では、濁音の調音を題材として、音声を発する際の空気力学を学び、空気力学の音声コミュニケーションにおける役割を詳しく見ました。

　さらに学びを深めるために、特に気になった現象や実験があった場合は、サポートページの文献案内で紹介している論文にあたってみると良いでしょう。同ページに用意してある練習問題にもぜひチャレンジしてみてくだ

さい。音声学の各分野をもっと網羅的に学びたい人は、拙著の『音とことばのふしぎな世界』や、私がこれまでに出版した他の書籍の数々も参考にして頂ければと思います。

本書では、ちょっと脇道にずれて「マナカナ」「呼吸の仕方」「声優さんの声の使い分け」「志村けんの『なんだチミは？』」のような音声に関する話も色々しました。これらのトピックを紹介したのは、読者のみなさんに、音声学の楽しさを知ってもらうと同時に、音声学が私たちの身近なところにこんなに多様に、深く関わっているということも知って欲しかったからです。

7.2 いくらチャラついていても

第5章の最後でも触れましたが、「ポケモン名の分析」なんて、なんだか半分おふざけに思われるかもしれません。頭の固い先生からは「音声学の題材にポケモンを使うなどけしからん！」と怒られるかもしれません（が、実際に怒られたことはありませんので、ご安心を。逆に

褒めてくれた先生は多いです！）。しかし、繰り返しになりますが、ポケモンであっても、しっかりとした方法論に基づいて研究すれば、立派な研究になるのです。

　実は、「半分おふざけみたいな題材を至って真剣に分析すること」は私の得意とする技（?）の1つです。過去には「ラップの韻の研究」「ダジャレの研究」「秋葉原のメイドさんの研究」などを行なってきましたが、これらの研究はすべて無事に（?）学会でも認められています。「志村けんの変なおじさん」を本気で音響的に分析する人はなかなかいないと思います。しかし、コラム4-5で解説した通り、「なんだチミは？」は世界中で起こっている言語変化を体現したものなのです。一見、チャラくて異質なものごとも、科学的な方法で分析すれば、合理的なシステムを発見できます。

　繰り返しになりますが、楽しい研究を「チャラいお遊び」や「感想文」で終わらせないためには、きちんとした方法論を用いることが必須です。私の好きなラップの歌詞に、「いくらチャラついたってやることやってりゃ様になる」（『覆水盆に返らず』by 漢（かん））というものがありますが、私自身、どの研究の際にもこの歌詞通りに

心がけてきました。これからも、一見音声学とは関係なさそうな「チャラい」現象を探し、音声学の観点から至って真面目に分析していきたいと思います。

用語集

子音（あいうえお順）

共鳴音<small>（きょうめいおん）</small>：

発音する際に口腔内気圧があまり上がらない音。音圧の変化は周期的で丸みを帯びており、「女性的」「丸っこい」「萌え」「親しみやすい」などのイメージにつながる（第2.2節、第2.5節）。「鼻音・流音・半母音の総称」と定義されることもあるが、そういう定義はあまり意味がない。

硬口蓋音<small>（こうこうがいおん）</small>：

硬口蓋で発音される音。日本語では「ち」など。また拗音も硬口蓋での狭めを伴う。周りの母音の第2フォルマントが高くなるため、「小さい」イメージを伴うことが多い（第3.9節）。

舌頂音<small>（ぜっちょうおん）</small>：

舌先で発音される音。/t,d,s,z,n,r/ など。「舌頂音のイメー

ジ」に関する体系的な研究は著者も知らないが、これらの子音は高い周波数を持つので、前舌母音と似たようなイメージを持つと予想される。本書では詳しく扱わなかったが、ジュラフスキーの研究によると、クラッカーの名前に多く出てくる（文献案内はサポートページ参照）。

舌背音（ぜっぱいおん）：

舌の胴体で発音される音。/k/ や /g/。舌の胴体を使うと軟口蓋（なんこうがい）が閉じることが多いので、「軟口蓋音」と言う人もいる。

阻害音（そがいおん）：

発音する際に口腔内気圧が上がる音。音圧の変化は非周期的で角ばった形をしており、「男性的」「角ばった」「ツン」「近寄りがたい」などのイメージにつながる（第2.2節、第2.5節）。「閉鎖音・摩擦音・破擦音の総称」と定義されることもあるが、この定義はお薦めしない。

そくおん
促音:

日本語の小さい「っ」を伴って発音される音、または「っ」そのもの。調音時間が長い音。日本語では、基本的に阻害音のみ促音になる。有声阻害音促音は外来語にしか現れず、声帯振動はあまり長く続かない（コラム 4-3）。著者の研究対象の１つであり、話し出すと長くなるため「調音時間が長い音」と簡単に定義づけているが、実はそんな簡単なものではなく、周りの音にも色々な影響を与えるものである。

だくおん
濁音:

阻害音のうち、声帯の振動を伴う音。「有声阻害音」とも呼ぶ。空気力学的に発音するのが「めんどくさい」(第4.4 節、コラム 4-4)。「大きい」「重い」「強い」「男性的」「汚い」などのイメージにつながる（第4、5章）。

ちょうおんてん
調 音点

発音の際、口腔内のどこで閉じや狭めを作るか。

破擦音：
閉鎖音の破裂部分が摩擦になった音。日本語では「ち」が代表的。本書では「なんだチミは？」の文脈で登場した（コラム 4-5）。

破裂：
閉鎖音の後、母音を発音するために閉じを解放すると口腔内気圧が高まっているために破裂が起こる。膨らんだ風船を破裂させる状況に近い。閉鎖音のことを「破裂音」と呼ぶ人もいる（第 2.5 節）。

半母音：
名前に「母音」が入っているが、母音ではなく子音。しかし、子音の中では最も母音に近い。/w/ や /y/。口腔の開きが子音の中で一番大きいので、共鳴音中の共鳴音と言える。本書ではあまり触れなかったが、コラム 2-2 で出てきた、著者が長女に付けようとした幻の名前「やよい（Yayoi）」に 2 回出てくる音。

鼻音（びおん）:

共鳴音のうち、鼻から空気が流れる音。/m/ や /n/。ハミングの時に使う音。鼻をつまむと発音しにくくなる音（第 2.5 節、コラム 2-5）。本書では扱わなかったが、「重い」「遅い」というイメージにつながるという研究者もいる。

閉鎖音（へいさおん）:

阻害音のうち、口腔内で空気の流れが完全に止まる音（第 2.5 節）。

摩擦音（まさつおん）:

阻害音のうち、口腔が少し開いて乱気流が起こり、摩擦が生じる音。庭に水を撒くためにホースの口を潰すと乱気流が起こるが、それと同じメカニズムで発声される。口腔から空気が多く流れ出る。「流れる」などのイメージにつながるかもしれない（第 2.5 節、第 5.8 節）。

拗音（ようおん）:

小さい「ゃ、ゅ、ょ」がついた音、または「ゃ、ゅ、ょ」そのもの。第 2 フォルマントが高く、「小さい」イメー

ジにつながりやすい。拗音というのは日本語に関する用語であり、一般音声学の世界では「硬口蓋化した音」と呼ばれる（コラム 3-1）。

流音_{りゅうおん}：

/r/ や /l/ のような音。ソクラテスによると、/r/ は古代ギリシャ語で「運動に関わる単語」によく使われていた（コラム 1-2）。

両唇音_{りょうしんおん}：

両唇を使って発音する音。/p,b,m,Φ,w/。オムツの名前によく使われ、赤ちゃんが発する喃語にもよく出てくる音。

子音のまとめの図

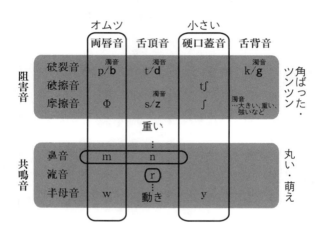

母音（あいうえお順）

基本周波数：

発音中の周波数（＝声帯が1秒間に何回振動するか）。いわゆる「声の高さ」「ピッチ」。ただし、「基本周波数」

は厳密に言うと物理的な尺度で、「ピッチ」は知覚的な尺度であり、しっかりと使い分ける人もいるので、人の前で発表する時には、注意が必要。

唇（くちびる）の丸（まる）まり：
日本語では「う、お」の発音の際に見られる。第2フォルマントを下げる効果がある（第 3.7 節、コラム 3-9）。

後舌母音（こうぜつぼいん）：
発音時に舌が後ろに下がる音。日本語では「あ、お、う」（ただし、「う」は中舌母音（ちゅうぜつぼいん）とみなす人もいる）（第 3.7、3.8 節）。第2フォルマントが低い（第 3.9 節）。「大きい」「甘い」「暗い」などのイメージにつながる。女性の名前に入ると魅力度が上がる可能性がある（コラム 3-3）。日本語の形容詞の語幹は後舌母音で終わる（コラム 3-5）。

高母音（こうぼいん）：
舌が盛りあがって発音される母音。日本語では「い、う」（第 3.7、3.8 節）。特に「い」は「小さい」イメージにつながる。つらい時に「い」を発音すると笑顔になれるか

もしれない。権力者の前で恭順を示す時にも有効かもしれない（第3.4節）。

日本語では、高母音は無声子音に挟まれると無声化する。著者は無声化を専門に研究しているにもかかわらず、入門書でこの現象を「面白く」説明できる自信がないので、なかなか一般書でしっかり解説できない。

前舌母音（ぜんぜつぼいん）：

発音時に舌が前に出る母音。日本語では「い、え」（第3.7、3.8節）。第2フォルマントが高い。「小さい」「すっきりした」「明るい」などのイメージにつながる（第3.9節）。男性の名前に入ると魅力度が上がる可能性がある（コラム3-3）。日本語の動詞の語幹が母音で終わる場合、前舌母音のみが許される（コラム3-5）。

第1フォルマント（だい）：

本書ではあまり取りあげられなかったフォルマント。基本的にヘルムホルツ共鳴によって鳴る音の周波数の高さがもとになり、計算式が多少複雑なので、説明するのが大変なもの。ヘルムホルツ共鳴によって鳴る音の周波数

の高さは、口腔の開きに比例する。よって第1フォルマントは口腔の開きに比例し、舌の高さに反比例する。

具体的に言うと「あ」では第1フォルマントが高く、「い」では第1フォルマントが低い。第1フォルマントによって大きさのイメージが決まるならば、「あ＝小さい」「い＝大きい」になってしまうので、音象徴的にはおかしなことになる。なぜ第1フォルマントが音象徴に影響しないのかは、謎。

第2フォルマント：

舌の前の空間で共鳴する音。舌の前の空間の長さに反比例する。唇が丸まると、この空間が伸びるため、第2フォルマントが下がる（第3.10節）。

中母音：

舌が低くもなく、高くもなく、真ん中くらいの高さで発音される母音。日本語の「え、お」（第3.7、3.8節）。

低母音（てい ぼ いん）：

口腔が最も開いて発音される母音（第 3.7、3.8 節）。日本語では「あ」。「大きい」イメージにつながる（第 3.1、3.2 節）。威嚇の際には有効な音（第 3.4、3.5 節）。

母音のまとめの図

前 ←→ 後

小さい

高 ↕ 中 ↕ 低

い　う
え　お
　　あ

丸い
大きい

男性的	女性的
鋭い	甘い
薄い	濃厚
さっぱり	クリーミー

その他(章別)

《第 1 章》

ベルヌーイの定理(ていり):
速度が上がると圧力が下がるという定理。声帯の振動を作り出すのに重要な役割を担っている。第 1.2 節で少しだけ触れた。

恣意性(しいせい)の原理(げんり):
「音と意味のつながりに必然性はない」という原理(コラム 1-2)。よくソシュールが提唱者とされるが、古代ギリシャの時代、ヘルモゲネスがすでに同じ立場を表明している。また、「恣意性」という単語を初めて用いたのは哲学者のジョン・ロックであるとも。ソシュール研究は日本でも盛んで、丸山圭三郎という学者が特に有名である。

《第2章》

調音（ちょうおん）:
発音とほとんど同じ意味だが、なぜか音声学では調音と言うとカッコよく聞こえる。英語でも pronunciation（発音）と articulation（調音）で使い分けられている。

口腔（こうくう）:
声帯より上の口の中の空間。鼻の空間のことは鼻腔（びくう）と呼ぶ。

MRI（磁気共鳴画像）:
本来は医療で使う機械だが、音声学研究でも用いられる。口の断面図を写し出すことができる。現在、調音運動が最も分かりやすく観察できる技術の1つ。

波形（はけい）:
圧力変化をプロットしたもの。波形をフーリエ変換するとスペクトログラムになる。

パスカル：
圧力の物理的な単位。1平方メートルに1ニュートンの力が作用する時の圧力が1パスカル。1ニュートンは、1キログラムの質量を持つ物体に毎秒1メートルの加速度を与える力。

《第3章》

音響音声学：
人間の発した音がどのような振動となって空気中を伝わるかを研究する学問。

周波数：
1秒間に繰り返される波の回数。この値が高ければ高いほど、人間は「高い」音と認識する。

三角関数：
サイン、コサイン、タンジェント。中でも音声学で重要なのは、サインである。単位円における点の高さの変化を表す関数として捉えられ、実際にグラフにしてみると

文字通り波の形になる。ジョゼフ・フーリエは「すべての関数は三角関数の集まりで表すことができる」と予想し、これが「フーリエ解析」につながった。現在の音響分析の多くはフーリエ解析に基づいている。ただし、コサインを使った離散コサイン変換など、他の分析方法もある。

スペクトログラム：

俗にいう「声紋」。波形を大きさと周波数が異なるサイン波の集合に分解（＝フーリエ解析）し、そのサイン波の分布を時間軸上に記録したもの。ある音がある特定の周波数のサイン波を強く持っていると、その周波数の部分が黒く示される。スペクトログラムから音の特徴を分析するのは音声学者にとって必須の技術。すごい人になると、スペクトログラムだけから発音された文を読み解くこともできる。ちなみに著者もそれなりにできる。

共鳴_{きょうめい}：

ある空間で特定の周波数を持った音が強められること。共鳴する周波数は、一般的に空間の長さに反比例する。

《第 4 章》

空気力学（くうきりきがく）：

音声学においては、空気がどのように流れて音を作っているかということ。ボイルの法則の理解が肝。

ボイルの法則（ほうそく）：

(一定の温度下で気体の) 体積と圧力が反比例するという法則。$PV = k$（P = 圧力、V = 体積、k = 定数）。人間が呼吸する時や濁音を発音する時に利用している法則（コラム 4-2）。

連濁（れんだく）：

複合語を作る時に 2 番目の要素の語頭の音が濁音になる現象。英語の論文でも rendaku と書かれる。日本語を知らない言語学者にも rendaku なら通じる（こともある）（コラム 4-4）。

ライマンの法則（ほうそく）：

すでに濁音を含む単語は連濁の対象にならないという法

用語集 255

則（コラム 4-4）。例外が極めて少ない（「縄ばしご」「x三郎(ざぶろう)」など）。本居宣長(もとおりのりなが)によって先に発見されていたため、「本居の法則」と名付け直そうという運動があるが定着していない。

《第 5 章》

モーラ：
日本語では「拍(はく)」ともいう。拗音を除いたひらがな 1 つ分が 1 モーラに対応する。日本人が「音の最小単位」として認識していると思われる単位。音節とは別物だが、なぜ別物か説明するためには、別の本を書かなければならなくなる。

おまけ

メイドさん：
音声学的にも分析可能な対象で、音声学の可能性や幅を広げてくれる（かもしれない）、個人的にも社会的にも大事な存在。

ポケモン：
イマドキの学生の多くが著者よりよく知っており、授業の好感度を上げてくれるモンスターたち。

あとがきのようなエッセイ

　本書は2017年に出版された同名の単行本の文庫版です。実は、この文庫化、自分にとっては「はじめての文庫化」という以上の嬉しさがあります。というのは2015年に初の書籍を世に送り出した私は、調子にのって、翌年にこの本の原稿を勝手に書きあげてしまったのです。ただ、これは大きな間違いでした。というのも、書籍というものは、まずは出版社で基本構想をまとめ、企画会議に通してから、編集者さんと二人三脚で書きあげていくものなのです。しかし、なぜか前の書籍ではそういうプロセスを知らされずに出版までこぎつけてしまったため、この本の原稿については猪突猛進してしまいました。

　当時ほぼ無名だった私の原稿を出版してくれる出版社はなかなか見つからず、持ち込みを繰り返しましたが、覚えているだけでも4社から出版を断られました。「言語学を世の中に広めるために一般書として出版したい」とのこだわりから一般書を扱う出版社ばかりに挑戦した

のもマイナスに働いたのかもしれません。まぁ企画会議を通さず、勝手に原稿を書いてしまった私が100％悪いのですが……。ともあれ、複数の出版社から断られ続けた末、純粋な一般書として出版することは諦め、一般書と専門書の中間的な書籍として、言語学の専門書籍を扱うひつじ書房に救ってもらったという経緯があります。

　しかし、蓋を開けてみれば、同書は研究者からだけでなく、一般の方々からも高評価を頂くことになりました。雑誌の取材を受けたり、ラジオに出演したりしながら、重版を重ねていったのです。さらには、「本書を文庫化したい」などという半分妄想のような願望をツイッター（現：X）でつぶやいたら、（当時はこちらから一方的に存じあげているだけだった）俵万智さんから「私でよければ、解説書きます！」とサプライズオファーが届いたのですから、吃驚極まりありません。すぐに「俵さんもご推薦の一冊ですが、文庫化いかがですか？」的につぶやいたところ、複数の出版社からオファーを頂くほどの人気っぷり！　いやもう、同書を読んで応援してくださったみなさま、本当にありがとうございます。

あとがきのようなエッセイ

こんな過去の苦難（？）がありますから、本書が大和書房から文庫化されることを大変嬉しく思います。しかも今回は、褒め殺し作戦を得意とし、2022年には別の書籍を執筆中の私をそそのかして、まんまと『フリースタイル言語学』を書かせた編集者の中山淳也さんと再びタッグが組める！　8年前、くり返し没を喰らいつづけて落ち込んでいた自分に教えてあげたいものです――「君が書いたその原稿は、ちゃんと評価される時が来るよ」。

　しかも、俵さんとはこのツイッター上でのやり取りをきっかけとして対談や鼎談をさせてもらうなど、親交を深めていくことになりました。「人間万事塞翁が馬」とはよく言ったもので、過去の失敗のおかげで、俵さんとの交流が始まったかと思うと、人生の不思議さを感じます。実に、このあとがきですが、俵さんの解説を拝見したあとに改稿できる時間がありました。正直、俵さんの解説を読んだ時には目から汗をかきました。研究者として、こんなご褒美をもらえる人がどれほどいるでしょうか。自分で言うのもなんですが、これって、人生に希望

が持てるエピソードではないでしょうか。

　せっかくこの話題になったので、人生の希望について、もう少しお話しをさせてください。今回の件のように、自分の努力が「いつ」そして「どんな形で」報われるのかは、本当に分からないものだと痛感する出来事が私の人生で何度かありました。例えば、第2章で紹介したメイド名研究ですが、これがNHKのとあるディレクターの目に留まって番組になり、撮影のため、私が通い詰めたメイド喫茶を貸し切りにして実験するに至りました。現役で働くメイドさんたちに集まってもらって実験してみたところ、やっぱり共鳴音を名前に多く含んだメイドさんたちは「萌え系」で、阻害音を名前に多く含んだメイドさんたちは「ツン系」でした。しかもそのロケ現場では、レジェンドメイドhitomi様に謁見を許され、自分のスマホでツーショット写真を撮るという、メイド喫茶研究者としてはこの上ないご褒美を下賜(かし)されることになったのです。しかし、この夢のような出来事につながるまでは、研究を始めてから8年以上の歳月がかかりました。

　同じような事例として、私は日本語ラップの韻を研究

していて、その研究論文が出版されたのが2007年です。その研究が2015年あたりから世間に認知され、2023年には『言語学的ラップの世界』（東京書籍）という書籍を出版し、さらには、あこがれのラッパーたちに「言語学をテーマとしたラップ」を制作してもらう、という言語学史上で前例のないことを成し遂げました（二度目の「自分で言うのもなんですが」案件ですね）。過去の苦難や努力って、長い期間をかけて報われることが少なくないのですね。私はどちらかというと、せっかちな方なので——だから、企画書を通さずに原稿を書いちゃったわけで……——過去の自分にそっとアドバイスしてあげたいとすう思います。

　現代社会では、どうしても短期的な成果が求められがちです。でもそんな時代だからこそ、じっくり自分の信じる道を歩みながら待つことも大切なのかもしれません。そうすれば、いつか何かしらの形で報われる。4社に没にされた原稿に、8年後にこんな素敵な解説がプレゼントされるのですから……現実的でない理想論に聞こえるかもしれませんが、この点については、私は胸を張っ

て証言するべきかと思います。

さて、そんなあれやこれやがあったわけですが、この文庫化という作業には、独特の難題が生じることを、企画が動き出したころの私は知りませんでした――「どの程度手を入れるか問題」が発生したのです。中山さんは笑って「川原先生のことだから、一度手を入れだしたら止まらないでしょうから、ほどほどに……」とおっしゃっていましたが、まったくもって、その通りでした……。8年前に自分が執筆したものを全て受け入れるとすれば、それは即ち、自分が研究者として成長していない、ということです。また、時代の変化とともに修正した方が良いと思われる表現も少なからず見つかりました。さらに、『フリースタイル言語学』を含めて過去に2回お仕事をご一緒した校閲係のツタヤさんという方は、本当に容赦ない事細かい修正案を提示くださるので、ツタヤさんのコメントがきっかけとなってなされた修正も少なくありませんでした。とは言うものの、修正に修正を重ねたら、別の本になってしまい文庫化の意味がありません。このジレンマの良い解消法が見つからないまま、今

回は手探りで塩梅を探ってみました。どなたか文庫化における修正について良い指針があったら、今度教えてください。

　ただし、積極的に採用した指針がひとつあります。それは「読みやすさのためにカットするところは大胆にカット」。文庫化のため同書を読み返してみたところ、どうも 2016 年の私には「高校生や大学生が読む教科書としても使える本にしたい」という意識が強めにあったようです。具体的に言うと、同書には英語の文献からの引用や数式の説明などが、自分でも意外なほど多く含まれていました。これらはこれらで、同書の良さだったのかもしれませんが、一般読者向けの文庫本としては、読みやすさを阻害すると感じ、かなり大胆にカットしました。また、文庫本に適当なページ数に抑えるために、単行本にあった第 5 章もカットし、各章末の練習問題と参考文献リストは web 上のサポートページに移動しました（アドレスは P.10 に掲載）。この点に関して、多少の不便を強いてしまうことは申し訳なく思いますが、文庫はあくまで「安さ」と「読みやすさ」が大事だと判断し、

このような決断にいたりました。

　逆に、本書の第5章で紹介したポケモンの名前研究は、単行本執筆当時からあまりに研究が進んだため、潔く加筆することにしました。また、単行本と文庫を両方購入してくださる尊き読者様のため、このあとがきも多少読み応えがあるものにしたいという思いがありました。そんなわけで、残りのスペースで、私の現在の研究について少々ご報告したいと思います。

　本書の第6章で、「音声学とうた」そして「音声学と感情表現」という2つの話題について簡単に紹介しました。この文庫化企画が進行している2024年現在、これらは私の研究活動のメインテーマとなりました。これらの活動の成果は、私が2016年に持っていた「考えの種」が無事に育ってきた証拠ではありますが、この文庫化に際しては、簡単な修正では現在の私が抱いている想いをしっかりと説明できない、との考えから本文では中途半端な加筆はしないことにしました。代わりに、これらの活動から生まれた成果をここで簡単に報告させて頂きます。ただ、限られた紙面ではとても語り尽くせることで

あとがきのようなエッセイ

はないので、その点だけご了承ください。

　2021年、私の人生を大きく変えた出来事として、ゴスペラーズの北山陽一さんとの邂逅があります。いや、それはもう、本当に研究観も人生観も変わりました。北山さんが——私を通して‼——音声学という学問に触れた結果、「歌手は全員、音声学を学んだ方が良い」という結論に至り、以降ずっと一緒に活動を続けています。

　本書でも試みている通り、私は、肺の仕組みや発音に関するあれこれを、できるだけ多くの人たちに楽しく学んでもらいたい。北山さんは、音声学の基礎を他の声のプロたちにも知ってもらいたい。私たちのそんな気持ちが融合し、2024年には『絵本　うたうからだのふしぎ』（講談社）という形で結晶化しました。この絵本は、本格的な音声学の基礎を、子どもにも分かるように紹介したものです。もちろん、科学的な厳密性を損ねない形で。この絵本では、擬人化された「空気くん」たちが、「うたうからだ」の中を冒険し、肺や声帯を動かす筋肉たちと出会い、いろいろな口腔の形を体験します。声や歌に興味がある人でしたら、子どもも大人も、誰でも楽しめ

る1冊になっております。

　さらに、北山さんは同絵本のためにオリジナルソングを制作してくださいました。まさか、音声学についての歌がこの世に生まれるとは！　そして、その誕生に私が深く関われるとは！　上記の言語学をテーマとしたラップもそうですが、本当に人生何が起こるか分かりませんね。こうなると、引退するまでには言語学に関する楽曲を集めたミニアルバムくらい制作できるんじゃないか……と夢想してしまいます。

　そんな私の夢想はさておき、突然ですが、日本語では「飴」と「雨」のように「音の高さ」だけが異なる単語のペアがあります。東京方言では、「飴」は「低高」で、「雨」は「高低」ですね。このような「単語そのものが持つ音の高低」ですが、これがどれだけ「曲のメロディー」と一致するべきかについても、北山さんは興味をもっていました。というわけで、この視点から、さだまさしさんの名曲『秋桜』を一緒に分析する、なんてことにもチャレンジしてみました。この成果は、『さだまさし解体新書』（2024年、大和書房）に収録されています。歌手として

北山さんが持っている問題意識を、音声学者である私が一緒に考え、分析し、その結果に驚きながらも、そこから新たな学びの種を見つけていく……。「分析」といっても対話形式で読みやすく書かれていますので、興味がある方は是非、手に取ってみてください。

　「音声学とうた」については、これからたくさんの成果につながるだろうワクワク感があります。いや、ワクワク感しかありません。

　次に、最近では、声優の山寺宏一さんや俳優の上白石萌音さんの演技を音声学的な観点から分析する機会も頂きました。声優や俳優の方々が、さまざまな役柄や感情をどのように表現しているのか……。第6.3節で少し触れましたが、2016年の私は正しかったようです——「演技」や「感情表現」に関して、自ら分析してみることで、音声学的な視点からこそ見えてくるものがあると実感しました。「七色の声をもつ」とも称される声優、山寺宏一さんの演じ分けの音声学的分析は、『日本語の秘密』（2024年、講談社現代新書）に収録された対談の中で報

告しています。

　山寺さんは、どの調音器官をどのように操って、どのような声を出しているのでしょうか。山寺さんの演技のすごさを音声学的な数値を用いて捉えると、どのような結果が見えてくるのでしょうか。どのような経緯で山寺さんは、今のような演じ分けの技術を身につけていったのでしょうか。これらの問いの答えに加えて、この対談では、山寺さんの音声表現に対する想いなども堪能できます。

　しかも、同書には、前述の俵さんとの対談やラッパーのMummy-Dさんとの対談も収録されています。音声学というレンズを通すことにより、おふたりの創作に対する感性について、いくつかの共通点が見えてきました。そんなこんながありまして、3人で鼎談イベントを開催することもできました。音声学がいろいろな分野の声のプロたちをつなげていくことができる——そんな音声学の可能性に心を躍らせています。

　そして上白石さんですが、詳細をここで語る紙面は残っていませんが、私との対談のために、舞台『千と千

尋の神隠し』の主人公・千尋の声と地声とで、劇中のセリフを演じ分けた音声を提供してくださいました。その分析を通して、上白石さんは、「声の高さ」や「その変化度合い」、そして「話すスピード」「間」、さらには「喉頭の位置」や「両唇の閉じ方」まで操って、千尋を演じ、千尋の感情を表現していることが見えてきました。どのような経緯でこのような機会を頂けることになったのか、そして、上白石さんの演技について、音声学を通じて具体的に何が見えてきたのかに関しては、現在、別の書籍を鋭意執筆中です。

「感情表現」とは少し話題がずれますが、音声学や言語学の知見を有用だと思ってくれている声のプロの方々は、歌手や声優・俳優だけではありません。とあるご縁から、NHKのアナウンス室との付き合いが始まり、ここ数年、アナウンサーの方々に音声学の話をする機会も増えてきました。「そもそも人間の体は、どのように声を発しているのか」「それぞれの音は、どのように発音されるのか」「人間が言葉を噛んでしまうメカニズムやその回避法」などを私からお伝えした上で、「これらの

観点から考える、滑舌とは何か」「逆に、滑舌とは何でないか」「メッセージを伝えるためには、どんな単語を選んだら良いのか」「AI音声と人間音声の違い」など、アナウンサーの方々と一緒に議論している話題は多く、こちらも語り出したらキリがありません。

　本書からもはっきりと感じられると思いますが、私は「音声学は音声学者たちだけのものではなくて、いろいろな人たちに、さまざまな角度から関わることなのだ」と信じ続けてきました。しかし、その想いがこのような恵まれた形で花開いていくとは、8年前の私には想像もできなかったことです。これは純粋に嬉しく、とてもありがたいことだと思っております。

　ただ、このような状況になると、今度は「有名人に喜んでもらったら、それが偉いことなの？」「誰に喜んでもらっても価値があることじゃなかったの？」「有名人と付き合うために研究者になったの？」「メディアに出ることが目標になっている自分がときどきいるけど、本当にそれで良いの？」などという問いに悩むことになります（ここだけ切り取って読むと、我ながら自分に厳し

い!)。これらの問いにも簡単な答えを見つけることはできなさそうです。この点についても、想いを書きだすと長くなりそうですので、また別の機会に譲りたいと思います。

なんだか、このあとがきの後半は「今後の発展が気になるけど結論が見えない川原繁人の現状報告」になってしまった気もします。ただ、現時点での予想ですが、私は一生、執筆活動を辞めない気がしています。1冊の本を仕上げることって、ものすごく大変なことですが、同時に私にとって書く作業はセラピーのようなもので、書くことで人生が救われている、とすら思います。ですので、このあとがきで扱った話題はすべて何かしらの形でいつかは世に送り出せるだろうと思っています。

というわけで、少しとりとめない形になってしまいましたが、「川原先生の次回作にご期待ください」というどこかで聞いたことのあるようなセリフで、文庫版あとがきの締めとしたいと思います。
「締め」と言っておきながらなんですが、最後にひと言

だけ。単行本もこの文庫版も著者は「川原繁人」となっていますが、考えてみると本当に多くの人に支えられて、できあがっています。私を研究の道に導いてくれた恩師たち、音声コミュニケーションの奇跡について新たな知見を発見し続けている同業者たち、一般書を書くのに忙しくしている時もちゃんと私を研究の世界に引き戻してくれる共同研究者たち、一緒に言語について考え続けてくれている学生たち、音声学の知識を吸収して仕事に生かしてくれている声のプロたち、私の活動を応援してくれているファンの方々、編集者さん、校閲者さん、イラストレーターさん、営業の方々、書店員のみなさん、研究者としての川原繁人でなく、ただの友人として接してくれる旧友たち。そして、何より毎日を支えてくれる妻と娘たち。大変なことも辛いこともいっぱいな人生ですが、みなさまのおかげで、こうして生きた証をまた1つ残すことができました。本当にありがとうございます。

今私に与えられているすべてに感謝をこめて

2024年10月

解　説

　　　　　　　　　　　　　　　　　　俵　　万智

　二年ほど前のこと。ツイッター（現X）のタイムラインを見ていたら、こんなつぶやきが目に入った。

　まったくをもって自分勝手な妄想なんだけど『「あ」は「い」より大きい⁉』って文庫化できたりしないかしら。すぐにとは言わず、将来的に。あれはあれで良い本だと思うのよ（自分で言うな）。

　発信者は川原繁人先生である。以前からファンだった私は、思わずリプライ（返信）してしまった。

　ぜひ！　私でよければ、解説書かせていただきたいです。

　後に聞いたことだが、先生は一瞬「ニセモノ？」と思ったそうだ。たしかに、怪しい。私は俵万智という本名で投稿しているが、考えがあって認証マーク（本人である

お墨付き)をとっていないし、プロフィール写真はガビガビだし(自分でお気に入りのものを拡大)、先生とは何の面識もない。

「ただ、フォロワーの数も多いし、他のつぶやきを読んでみたらホンモノだなと確信して」先生は続けて次のように書いてくださった。「まさかの俵さんからのご推薦‼ どこか文庫を持った出版社の方、興味ないですか?」

そして、めでたく文庫を持った大和書房からお声がかかり、今この解説を書かせていただいているという次第。人生、なにが起こるか、わからない。

ちなみに、認証マークを申請しない理由を息子に聞かれたことがある。「自分の発する言葉でホンモノだと思ってもらえなかったら、意味がないでしょ」と答えたら「初めて、お母さんをカッコいいと思った」と言われた(注:今はお金さえ出せば認証マークは付く仕組みになっているが、かつては本人確認の審査があった)。目指したとおり、自分の発する言葉で、ホンモノの言語学者にホンモノ認定されたわけで、ガッツポーズだ。

そして、実はこの息子が「めちゃくちゃ面白いから読

んでみて」と川原先生の本を薦めてくれたのが始まりだった。それが四、五年前のことで、以来、親子で競って先生の本を愛読している。

　川原先生の魅力の一つは、フットワークの軽さだろう。本書でも紹介されている通り、言葉に関して面白そうな気配があれば、メイド喫茶にだってポケモンの世界にだって、飛びこんでゆく。もちろん、その収穫をきちんと学問に昇華するまでが言語学だ。チャラそうに見える素材ほど、それは大変なことのはず。本書は、言語学の間口を思いきり広げて、ハードルをぐんと下げてくれる楽しい一冊だが、折に触れて「数学大事（小声）」ということも欠かさない。まずは好奇心。そして論理的な裏づけ。これは言語学に限らず、大事なことだと思う。SNSで繋がってから、先生の企画する講演会を聴講したり、対談や鼎談でご一緒させてもらったりする機会にも恵まれた。なかでも印象に残っているのが、次の短歌の制作過程について話した時のこと。

「この味がいいね」と君が言ったから七月六日はサラダ記念日　『サラダ記念日』

ほんとうはカレー味の唐揚げだったのだけれど、歌にするにはちょっとヘビー。で、サラダにしようと決めたのち、野菜の元気な六月か七月に記念日を制定しようと思った。決め手となったのが、サラダのＳ音と響きあう七月のＳ音だ。この話をすると、先生は目を輝かせた。Ｓ音が重なると、なんだか爽やかな印象になるというのは経験から感じていたのだが、ソクラテスは「［ｓ］は風を表す」という言葉を残しているそうだ。［ｓ］を発声するときに、口の中で多くの空気が流れるので、その空気の流れが「風」というイメージに結びつくのかも……というふうに考えていくと、これはもう音声学である。

　さらに「でも、いまだに『味』の『じ』が、なんか気持ち悪くて気になっているんですよね」と付け加えた時の先生の喜びようは、尋常じゃなかった。本書にも出てくる濁音の問題である。強くて大きくて、悪者に用いられがちな濁音。なるほど、爽やかさからは、ほど遠い。自分の気持ち悪さの正体がわかって、すっきりした。

　そして、爽やかさと濁音と言えば、こんな歌を詠んだことを思い出す。

「さざやかな風」と言い張るおさなごと甲板にいる、さざやかな風　『オレがマリオ』

　船に乗って、初めて体験する風を、幼い息子は「さざやか」と言った。「違う違う、さわやか、だよ」と訂正したのだが頑として受け入れない。念のため「すずやかっていう言葉ならあるけど？」とも言ってみたが無視された。確かに「さわやか」というには、やや荒々しくて、潮風だからベタついてもいた。そのへんの気持ち悪さが「ざ」の濁点だったのかもしれない。もちろん「さざやか」という語は辞書には載っていないけれど、オノマトペに近い表現だと受けとれなくもない。根負けして、短歌の結句で受け入れてしまった。
　息子ついでに、もう一首。

　　言葉とは無限の玩具　輝いてアスカとパスタは似ていると言う　『オレがマリオ』

これも船での歌だが、アスカとパスタは「a」「u」「a」という母音が揃っているのと、真ん中の「ス」が一致し

ているがゆえの「似ている」だと思っていた。だが、本書を読んだうえで点検すると、なんと三文字目の「カ」と「タ」も似たもの同士（阻害音）のようだ。まことに興味深い。
さらに調子に乗って身内の歌を、最後にもう一首。

　言葉にはうるさき母が「おばあちゃんでちゅよ」と言えり霜月三日　『プーさんの鼻』

　息子が誕生した時の、母の豹変ぶりに呆れて詠んだものだったが、これも本書によって音声学的には正しいありようだということがわかった。二十数年ぶりに、母を見直すことができた。音声学、すばらしい。
　言葉は、生きていくのに必要だけれど、ふだんはわざわざ意識しない。先生も言うように空気のようなもの。けれど、このように言語学の視点で点検すると、ハッとさせられたり、ふむふむと頷いたりできることが、たくさんある。純粋にそれだけで充分楽しいし、意義あることだと思うが、さらに「世の中の役に立つ」ことまで先生は考えておられるようだ。間口は広く、目標は高く。

言語学の醍醐味を知り、川原イズムに触れる初めの一歩として、本書が多くの人に愛されることを願っている。

(歌人)

本作品はひつじ書房より 2017 年 11 月に刊行された
『「あ」は「い」より大きい!?　音象徴で学ぶ音声学入門』を
改題し、再編集して文庫化したものです。

川原繁人（かわはら・しげと）
2002年、国際基督教大学卒。2007年、マサチューセッツ大学言語学科大学院より博士号取得。卒業後、ラトガーズ大学にて教鞭を執りながら、音声研究所を立ち上げる。現在、慶應義塾大学言語文化研究所教授および国際基督教大学研究員。専門は音声学、音韻論、一般言語学。
著作『フリースタイル言語学』（大和書房）、『音声学者、娘とことばの不思議に飛び込む』（朝日出版社）、『言語学的ラップの世界』（東京書籍）、『日本語の秘密』（講談社）、『絵本 うたうからだのふしぎ』（共著、講談社）など多数。複数の国際雑誌の編集責任者を歴任。

「あ」は「い」より大きい!?
身近で楽しい音声学

著者　川原繁人
©2024 Shigeto Kawahara Printed in Japan
2024年10月15日第1刷発行

発行者　佐藤 靖
発行所　大和書房
　　　　東京都文京区関口1-33-4 〒112-0014
　　　　電話 03-3203-4511
フォーマットデザイン　鈴木成一デザイン室
本文デザイン　堀川 歩
本文印刷　信毎書籍印刷
カバー印刷　山一印刷
製本　ナショナル製本
ISBN978-4-479-32106-4
乱丁本・落丁本はお取り替えいたします。
https://www.daiwashobo.co.jp

だいわ文庫の好評既刊

＊谷川一巳　世界の駅に行ってみる

旅の楽しみは駅からはじまる。海抜3454メートルの駅、構内が植物園の駅、お弁当の美味しい駅…201枚の写真とともにめぐる。

740円　010-J

＊籔内佐斗司　仏像礼讃

「せんとくん」生みの親でもある彫刻家が、知る人ぞ知る古仏から、京都・奈良の名刹の国宝まで、一度は拝観したい至宝の仏像を厳選！

900円　011-J

＊籔内佐斗司　仏像風土記　北海道、東北、関東、中部

奈良・京都とは全く違う仏像の世界が立ち上がる、東国を代表する仏像が勢ぞろい。日本美術の至宝がわかる最高のハンドブック！

1000円　015-J

＊籔内佐斗司　仏像風土記　関西、四国、中国、九州

思う存分、古寺・仏像を訪ねる旅へ。一度みたら忘れられない西国を代表する仏像が勢ぞろい。写仏にも使える新しい拝観手引き！

1000円　017-J

＊小谷太郎　知れば知るほど面白い不思議な元素の世界

読めば世界が変わって見える！　美麗な鉱石、貴重な研究施設などの写真とともに、元素の始まりから最新事情までカンタン早わかり！

740円　014-J

＊武田康男　いつもの空から幻想的風景まで「空のカタチ」の秘密

虹色の雲を見たことはありますか？　雲、虹、光、太陽、月、雨、雪、オーロラ……撮り下ろし写真131点で紹介する不思議な空の世界！

740円　016-J

＊印は書き下ろし

表示価格はすべて本体価格（税別）です。本体価格は変更することがあります。

だいわ文庫の好評既刊

*印は書き下ろし

＊西洋の色を愛でる会
西洋の伝統色
芸術の美を彩る

卵の黄身のような「ヨークイエロー」、マティスの愛した「マティスブルー」など、西洋生まれの美しい186色を紹介。

800円
018-J

＊上田恵介
世界の綺麗な鳥
日本のかわいい鳥

思わず見とれること間違いなし！絶対に観たい日本の鳥といつか観たい世界の鳥を、簡潔・詳細な解説と美麗なビジュアル写真で紹介。

780円
019-J

＊岩槻秀明
散歩の草花図鑑

道端に咲く「この花、なあに？」にこたえられるポケットサイズの草花辞典。オールカラーでわかりやすい。

900円
020-J

＊岩槻秀明
「ぱっと見」では気づかないすごすぎる雑草

子どもに教えてあげられる

静かに生い茂っている身近な雑草。見ているだけでは気づかないありとあらゆる生き残り作戦を紹介。

800円
027-J

＊大和心研究会
ビジュアル大和言葉辞典

日本の風土や文化から生まれた「和の言霊」を100枚を超す写真と共に紹介。日本人の肌に馴染む言の葉が心に彩りと潤いをもたらす。

740円
022-J

＊望月麻美子　三浦たまみ
いつでも名画に会える日本10大美術館

あのフランスが「返したくない！」と地団駄を踏んだ、あの名画やこの名画たちが、日本の美術館に眠っている！

900円
023-J

表示価格はすべて本体価格（税別）です。本体価格は変更することがあります。

だいわ文庫の好評既刊

*印は書き下ろし

＊平松洋子　誘う絵
ルネサンスの旗手が追い求めた肉体美からフェルメールが描く不思議な眼差しまで、観る者の目を奪う作品100点以上をカラーで紹介！
880円　025-J

＊長岡求　マニアが教える植物図鑑
NHK人気ドラマ「植物男子ベランダー」の監修者によるマニア的植物図鑑。ぶつぶつ、くるくる、とげとげ、植物愛があつすぎる！
800円　026-J

＊藤依里子　日本の文様
桜と楓が描かれた文様は年中使える、三枡は「見ます」に通ずる…。着物や工芸品、器などに見る149の文様の奥深い由来がよくわかる！
900円　028-J

＊大海淳　身近で見つかる山菜図鑑
山の達人が教える、すぐ見分けられる山菜、薬草の採り方。おいしい食べ方、料理の仕方、保存方法。キャンプや野遊びに必需品の一冊。
900円　029-J

＊小谷匡宏　一度は行きたい幻想建築　世紀末のきらめく装飾世界
華麗な彫刻、美しい絵画に彩られた世界のアール・ヌーヴォー建築を図版約600点で紹介。芸術家たちが創造した夢のような道端アート。
850円　030-J

＊岩槻秀明　子どもに教えてあげられる身近な樹木図鑑
道でいつも見かける木がありませんか？なじみ深い街路樹にも意外な由来があります。200種類以上の樹を豊富な写真で紹介。
800円　031-J

表示価格はすべて本体価格（税別）です。本体価格は変更することがあります。

だいわ文庫の好評既刊

*印は書き下ろし

* 福田豊文 写真
　今泉忠明 監修

世界中で愛される美しすぎる猫図鑑

世界の美しすぎる猫約50種を凛々しい親猫・可愛い子猫のセットで紹介！ 猫の性格や歴史、興味深い生態についての雑学も！

900円
032-J

* 福田豊文 写真
　今泉忠明 監修

見るだけで癒される愛らしすぎる犬図鑑

見るだけで癒される100種類以上の犬の美麗写真に加えそれぞれの犬種の歴史や物語を学ぶポケットサイズの図鑑。

900円
033-J

* 大海 淳

誰かに話したくなるキノコの不思議な世界

散歩やハイキングで見かける面白いキノコから怖い毒キノコまで、日本で見られる100種類を厳選。ハンディな「キノコ図鑑」の決定版。

1000円
034-J

* 半田カメラ

道ばた仏さんぽ

有名から無名まで、古いものから新しいもので、日本全国を巡って出会ったゆるくて楽しい道端の石仏、磨崖仏を約100体、紹介する。

1000円
035-J

* 柴山元彦

きれいなだけじゃない石図鑑

川や海で子どもと楽しむ実際に拾える石を豊富な写真とともに紹介。光る、割れる、時間とともに色が変わる。綺麗なだけじゃない天然石の魅力を徹底解説！

1000円
036-J

* 渡邉克晃

ふしぎな鉱物図鑑

加熱すると静電気を帯びる材料になる？ ふしぎがいっぱい、鉱物の図鑑。バリウムの材料になる？ 光る、割れる、

1000円
037-J

表示価格はすべて本体価格（税別）です。本体価格は変更することがあります。

だいわ文庫の好評既刊

*印は書き下ろし

* 永田美絵 『天体のふしぎがわかる 星と星座の図鑑』
カリスマ解説員がおくる四季の星座・天文現象のふしぎな話。夜空について語りたくなる神話、きれいな写真、かわいいイラスト多数！聖母から神話の女神、王侯貴族にファムファタルまで。時系列で追う女性画の変遷とその魅力。70作品を紹介。
1000円 038-J

* 佐藤晃子 『知れば知るほどおもしろい 女性画の秘密』
1000円 039-J

* 村山秀太郎 『写真で巡る憧れの都市の今昔物語 百年前を世界一周』
パリ、ロンドン、ニューヨーク、上海、デリー、日本…世界五十余都市の100年前と今を写真で知り、学び、楽しめる一冊！
1000円 040-J

* 荻原魚雷 『100年前の鳥瞰図で見る 東海道パノラマ遊歩』
1921年刊行の『東海道パノラマ地図』を再現し、東海道の様子を今と比べて紹介！大正時代には驚きの発見がいっぱいです！
1000円 041-J

* 上田恵介 監修／叶内拓哉 写真 『散歩や旅先で出会う 野鳥図鑑』
スズメ・メジロ・ムクドリ・オナガ。身近で観察できる野鳥の特徴や見分け方のポイントなどをたっぷり紹介した一冊！
1200円 042-J

* 岡田大介 『海から上がって酢飯にのるまで すし本』
ベストセラー絵本『おすしゃさんにいらっしゃい！』の著者による、すしダネを楽しく学べるビジュアルブック。
1100円 043-J

表示価格はすべて本体価格（税別）です。本体価格は変更することがあります。